明奘法师 著

远方出版社

图书在版编目（CIP）数据

金刚经讲记/明奘法师著.—呼和浩特：远方出版社，2009.3
(佛典“八经五论”系列)
ISBN 978-7-80723-402-9
I.金… II.明… III.①佛经②金刚经—研究 IV.B942.1
中国版本图书馆CIP数据核字（2009）第027047号

佛典“八经五论”系列
金刚经讲记 明奘法师/著

策　　划：张　明
责任编辑：张　宇　敖登格日乐
特约编辑：文　欢
出版发行：远方出版社
社　　址：呼和浩特市乌兰察布东路666号
电　　话：0471-4919981（发行部）
邮政编码：010010
经　　销：新华书店
印　　刷：河北环京美印刷有限公司
开　　本：720毫米×1000毫米　1/16
字　　数：230千字
印　　张：17
版　　次：2019年4月第1版第2次印刷
标准书号：ISBN 978-7-80723-402-9
定　　价：26.80元

目 录

Contents

时间：2008 年 4 月 16 日

地点：北京黄寺大街德胜置业大厦

请大家合掌

南无本师释迦牟尼佛

南无本师释迦牟尼佛

南无本师释迦牟尼佛

无上甚深微妙法

百千万劫难遭遇

我今见闻得受持

愿解如来真实意

2

这次有机会有因缘来到这个画廊，跟大家一起来共同学习《金刚经》，也是不可思议的一个机遇吧。我不认识这里的廊主，也不认识这个地方，今天是我第二次来，就在这里讲《金刚经》，看起来是有些莫名其妙的。佛法讲“缘聚则成，缘散则灭”，为什么有这样的一个条件？有这样的一个机会？我觉得在今天这样一个物质飞速发展的时代，在经济、利益的推动下，人心可能都趋于一种二极悖反的作用态度。人心在悟，得到了高度的满足后，却也容易产生心灵相对的匮乏和空虚，因而它需要有这样一个回归。我们能在这样一个地方共同学习《金刚经》，愿大家能够敞开自己心灵的另一扇窗。这扇窗也许跟我们原有的认知不同。我们原有的认知是“老师教给你什么你就信就接受”，至于接受的多少，叫“师父领进门，修行在个人”。

可是佛教的《金刚经》跟这个认知恰恰相反，佛教的《金刚经》里，释迦牟尼怎么来定位呢？他既不是一个教主，也不是一个权威的老师，他更像是一个睿智的、幽默的、慈祥的、耐心的老人，坐在你身边。你不打扰他的时候，他就闭目安坐；你有事情来问他，他就知无不言，言无不尽，毫无保留地告诉你。告诉你之后，他也不需要你信仰他、崇拜他，也不需要你雕偶像给他，他只会跟你轻轻地说一声再见。所以整个《金刚经》是释迦牟尼四十九年教育的精华中的精华，经典中的经典。在佛陀四十九年所有的经典里面，讲般若部的经典用了二十二年，几乎占了他弘法生命的一半，那么《金刚经》又是这六百卷般若经中最精华的一卷。

3

《金刚经》在我国的文字史上、在全世界人类的印刷史上占了一个第一，世界上现存最早的、有明确年月记载的雕版印刷物，是在敦煌发现的《金刚经》。如果搞出版的要祭祖的话，应该祭这本《金刚经》。刚才我们说南无本师释迦牟尼佛，就是“本师”——从生命的根本来教导我们的，从生命的起源处来教化我们的，就是我们根本的老师，这个老师叫佛陀。

“佛”是印度话，全称“佛陀耶”，英文叫Buddha。中国人好简，去掉了佛陀耶的“耶”，叫佛陀，佛陀还嫌啰嗦，就叫做“佛”，汉语的意思叫做“觉悟”，自觉、觉他、觉行圆满叫三觉。第一个是自觉，第二个是觉他，帮助他人觉悟，第三自觉、觉他，都全部圆满，叫觉行圆满。觉悟的、智慧的行动已经全部圆满，才叫佛。所以我们南无的意思是规定范本，是向他学习，不是向他祈祷、乞求，这个跟宗教的意味完全背道而驰，是尊敬他、赞美他，“见贤而思其言”，是“南无”的本意。而不是说南无佛给我健康吧！南无佛给我长寿吧！南无佛给我一个男朋友、给我一个女朋友、让我发财致富吧！很多人念南无阿弥陀佛时好像总是想向阿弥陀佛要点什么似的，“南无”是让我们的生命像一个醒觉的觉者，是皈依的意思。

对《金刚般若波罗蜜经》，佛经有几种命名，“金刚”是比喻，世间最坚固的东西是什么？金刚钻。金刚能切断所有的东西而不被所有的东西所切断，形容其坚硬无比，“金刚”是以比喻来命题。“般若波罗蜜多”是智慧到彼岸的意思，按照这个动宾后置，彼岸到，到彼岸，就是用智慧到达彼岸之意。它在翻译成汉语的时候，属于五种不翻，哪五种不翻呢？秘密不翻、多含不翻、此方无不翻、顺古不翻、尊古不翻。那么这个般若含有很多的意思，是用智慧不能界定的，用聪明不能界定的，用黠慧、狡诘都不能界定的，就索性含多义不翻、尊古不翻。“波罗蜜多”就是彼岸到，就是咱们打篮球时说“盖帽了”，就是这件事做到家了，用北京的俗话讲“到家了”，圆满之意。

经，Sutra，梵音叫苏怛啰，贯穿之意。就像我们手里的念珠，十八颗念珠也好，一百零八颗念珠也好，总要有根线把它穿起来，经的本意就是穿念珠的那根线，把东西穿起来的意思。但是我们后人，中国的一些高僧大德们就把这个经给改造了，从贯摄意引申为摄受意，好比这个摄像机的“摄受”。整个一部经，无论是多长或者是多短，无论是讲圆满、精进、了义的经典，还是一般地针对小乘根性所说的经，它有一个从始至终的过程叫“初中后皆善”。像舔蜂蜜一样，舔一点也甜，舔半嘴也甜，舔满嘴都是甜的。佛经这个贯摄的意思就是初终后皆善。然后它还有一个引申的意思是当镜子，反观。

佛陀不在了，离开我们已经两千五百多年了，阿罗汉们也不在了，那么我们凭什么跟他学习，用什么来检验我们的所行、所思、所做是对还是错呢？以经为检验。符合经文所说，即使我们做的打点折扣，也是可以经得起验证的，不符合经文所说便肯定有问题，经本身没有问题，那问题一定是出在我们身上。还有，“经”通“径”，路径，曲径通幽处的径，一条路，这条路带我们回家，回到哪里的家呢？我们生命没有被污染，没有被流浪，没有被各种各样的烦恼所压迫，那个本来的状态就是你本来的家，但是回家你必须有方法有路，那么所有的经就是路。佛经有十二种，十二种不是指十二本经，而是十二种题材。有散文的、有诗歌的、有讲佛陀过去前世的故事的、有大量比喻的、有讽诵的，叫伽陀。所以跟其他宗教不同，其他宗教的经典是唯一，不可更改、不可发展、不可去创造。但是佛经，不但佛陀可以说，弟子们可以说，现在的大学教授也可以去讲。因此注解《金刚经》的人有很多，比如王朱曾经在未登基前就集注过。而集大成者，则是民国期间，一个叫江味农的老居士，他汇集了差不多关于中国历朝历代的僧人、文化名人、皇帝、达官等等所注解的《金刚经》，汇集了不下八十种，然后做了一个《金刚经集注》。大家如果想真正深入了解，可以参考这本《金刚经》，是最全面最权威汇集资料也最多的。

翻译的金刚经也不限于鸠摩罗什法师翻译的这个版本，《西游记》里的玄奘法师也翻译过，叫“能断金刚般若波罗蜜多经”。能断，就是用金刚才能切断烦恼，所以又加了能断两个字，但是因为他的文词比较拗口，所以流传最广的还是鸠摩罗什法师翻译的《金刚般若波罗蜜经》。

鸠摩罗什是三藏法师，三藏是指精通于佛教里的所有经典跟经藏。这里讲的三藏法师，专门是指原始佛教的经、律、论三藏。这样的法师数量是很少的。那时出家的人，戒律非常少。男的这些戒律大概叫四分律，共二百五十条按字抠也能背下来，没有多少。出家的女众，有三百四十八条戒，差不多也都可以背下来，所以戒藏不多。但经藏部分比较多，依据南传原始佛教的研究，分四大部，叫四阿含经，包括中阿含、增一阿含、杂阿含和长阿含。聪明利根的人花上三年就足够背下来了。论藏，像《阿毗达摩论》，里面总共含设了七个论，但七个论加起来并没有多少，经论三藏合起来，估计文字加起来不会超过两百万字。所以精通这些经、律、论的叫做三藏法师。来到我国之后的汉传佛教，说是否有人精通三藏，说是否有人能把它背下来，可以说前无古人后无来者，一个也没有，为什么？中国汉传佛教的经太多了，数不胜数，论更是无穷尽的，浩如烟海，没有谁能真正精通三藏。

那么来到中国翻译经典的被称为三藏法师的不超过二十个，中国人没有经，都靠西域的法师、印度的法师过来、安西的法师传过来，所以才有这句俗语：“远来的和尚会念经”。法师的本意就是以法施人，就是能够以法施舍、布施给别人，能够以他的智慧，用他掌握的佛法的智慧教导别人的人。这个以法自施，向上能够向佛陀、圣贤学习，完善自己，向下能够帮助他人，服务社会，这样的人才有资格被称为法师。

鸠摩罗什是西域人，在现在的库车、库尔勒这一带。他的爸爸原来也是个出家人，叫鸠摩罗炎，特别聪明。后来，当时的龟兹国王（也就是现在的伊犁、库尔勒一带）一看这个鸠摩罗炎如此的聪明，就逼着他还俗，把两个妹妹都嫁给他，希望他传宗接代，然后生下了这个鸠摩罗什。鸠摩罗什七岁的时候有一天到庙里去玩，竟把一个几百斤重大宝鼎给举起来了，举起来后，突然一想，“咦？我七岁小孩哪里来那么大力气？我又不是武功高手……”这样一想鼎马上就摔掉了，摔到地上，他一念间就悟到了“一切唯心造”的道理。后来他妈妈带着七岁的他出家，碰到一个大修行人叫阿罗汉，跟她说这个小孩子将来要到东方去，他一定会帮助大乘佛法发扬光大的，如果留在西方，他的个人修为，肯定会证得阿罗汉果位。

无论是印度佛教史，还是中国、韩国、日本、越南的佛教史，整个东南亚和欧美佛教史，都没有因为佛教传播发生过什么征战、战争，唯一的一次征战却是因鸠摩罗什法师而起。苻坚派大军去迎请鸠摩罗什法师，派吕光率七万大军大败龟兹，得获鸠摩罗什，但法师并没有回到苻坚这里，因为淝水一战苻坚被人打败了，他的国就灭了。法师在吕光建立了后凉国停留了几年，又被后秦姚兴出兵西伐凉州，才把鸠摩罗什带回长安。他翻译经典的地方在陕西西安户县的草堂寺，那里有鸠摩罗什法师的舍利塔。

鸠摩罗什法师翻译的经文是不分章节的，是南北朝时期梁武帝的太子昭明太子，根据自己的体会把《金刚经》分了三十二章节，分得非常非常好，这使大家容易有操持。但是我们诵经的时候不会去诵这个“法会因由分第一”，不会说这些，直接就“如是我闻，一时怎么样……”

请大家跟我合掌

愿消三障诸烦恼

愿得智慧真明了

普愿罪障悉消除

世世常行菩萨道

普愿一切见者闻者听者

远离痛苦之因、痛苦之缘、痛苦之业

普愿一切见者闻者听者

建立解脱之因、解脱之缘、解脱之业

普愿一切见者闻者听者

7

快乐安详得以解脱

愿一切众生

快乐安详得以解脱

愿一切众生

快乐安详得以解脱

愿一切众生

快乐安详得以解脱

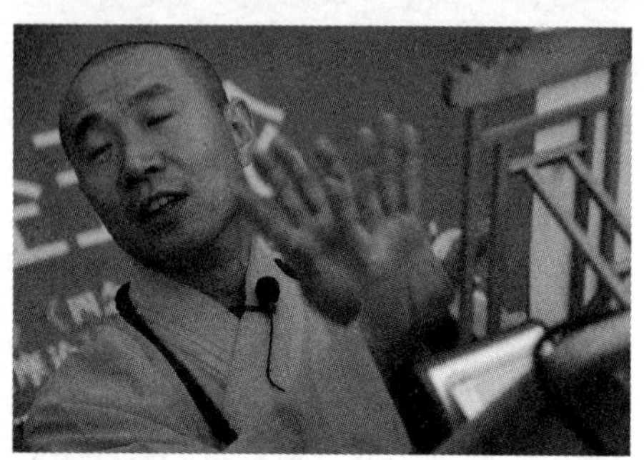

讲解“八经五论”瞬间

第一品

法会因由分

请大家合掌

南无本师释迦牟尼佛

南无本师释迦牟尼佛

南无本师释迦牟尼佛

无上甚深微妙法

百千万劫难遭遇

我今见闻得受持

愿解如来真实意

如是我闻，一时，佛在舍卫国祇树给孤独园，与大比丘众千二百五十人俱。尔时，世尊食时，著衣持钵，入舍卫大城乞食。于其城中，次第乞已，还至本处。饭食讫，收衣钵，洗足已，敷座而坐。

佛经跟我们的文学作品最大的不同，就是所谓的六种成就，哪六种成就呢？相当于我们上初中写记叙文一样，时间、地点、起因、经过、人、结果，佛经也是这样。佛陀在佛历两千五百五十一年前临去世那天，弟子们哭的哭闹的闹，都觉得老师要走了，很伤心。阿难就哭得什么都忘了，有点迷糊了，佛陀的另外一个大弟子阿那律尊者就说："阿难啊，你跟做侍者佛二十年了，你知道老师有什么话要说、要交待，这时候不是哭的时候，你应该去问问世尊还有什么要交待我们的？世尊在的时候，我们有什么问题都来向世尊请教，不在的时候我们有问题向谁请教呢？这个经典要不要结集，如何去结集？"阿难这下子清醒了，赶紧去问世尊："世尊呀，您在的时候，我们问您这些问题不需要经文，但是您不在的时候怎么办呢？"佛陀说你们在复述经文的时候可以加四个字叫"如是我闻"。我们汉语的习惯应是"我闻如是"，意思是我听到这样一个道理，我闻如是。"如是我闻"，就是这些话、这个道理、这个方法是我阿难从释迦牟尼佛那里听来的，不是我自己创造的，不是我改编的，也不是我想象的。它叫信成就和闻成就。当时不但阿难相信，其他弟子也都相信了，即信成就。还有闻成就，是说老师与学生之间的教学是真实不虚地在历史上存在过，不是我们靠一人杜撰之力，靠一人天才想象出来的，是实实在在的教学的传承、记载。

“如是”这两个字，实际上把佛法的所有的教学已经全部告诉我们了，明白的人听到“如是”两个字就够了，全部的佛法要告诉我们的道理，就这两个字：“如是”。不加一点、不减一点、不创造一点、不想象、不歪曲、不涂抹，诸法本来是什么样的就接受什么样，就是这样。

我们一切的痛苦，一切的烦恼，一切的争斗都源自于不接受，对不对？天气热了，我们偏偏不接受，所以就痛苦；人要离开了，我们不接受，所以痛苦；衰老是不请自来之有，我们偏偏拒绝，不接受；做生意赔钱，不接受……总是不接受。

如是，山川大地、日月星辰、草木花鸟、人、畜生一切都是如其本来的样子，这就是佛法的全部，因此我们每一个人如果能够随时随地做到如是，当下我们就成为佛了。简单不简单？容易不容易？非常简单又非常容易，可是又非常难。谁能相信这两个字就是佛法呢？如果现在有人站在天安门广场说：“告诉大家宇宙间最真的真理就是‘如是’二字。”肯定所有人都会认为这个人有精神病。所以现在的人靠自己的想象、聪辨、逻辑把一个简单的东西复杂化了，创造了大量的宗教的衍生品，创造、累积、浪费了大量的生命空间，走入了知识、逻辑、理性的迷宫，而回不到智慧的本原清静处。本原清静就这么简单，大家在听课，如是；起烦恼，如是；等一下肚子饿得咕咕叫，还是如是。如果你什么都能接受，当下心平，会不会？不平则争嘛，你已经接受了，还有什么可争的呢？你已经平了，还有什么跟别人可争斗的呢？无可争。所以天下自然太平无事。我闻如是，如是我闻。因此我想，我在很多地方也讲过《金刚经》，但真正完整讲完的很少很少，大概开个头就把书本丢掉了，就用不着了，明白了当然就用不着了。这就是见月之指，我要指给你看月亮在那里，你瞧，你已经知道月亮了，你还要把我的指头捧到家里供着，累不累？

所以《金刚经》里说：“我所说法，如筏喻者，法尚应舍，何况非法。”我所说的法，就好像一个过河的筏子。“法尚应舍”，一旦过河了，就应该把筏子弃之水中，而不是背上岸边，对不对？

如是我闻，“一时，佛在舍卫国祇树给孤独园”，一时，这是印度一个特有的时间观念。印度是一个注重生命的终极价值的一个民族，不管是男女老幼，都认为生命的一次性是非常简单的一件事，重要的是恒久生命的责任，恒久生命的解脱、祥和，而不是一期生命的好与坏。他们认为生命只不过是搬家，这一期三十年，下一期五十年，这一期为人，下一期为狗，所以很通达，人重要的不是让人的这一期生命得到所有欲望的满足，而是这一期的生命如何为长久的生命添加更好的资粮，以便能行走在永恒的生命之路上。所以“一时”非常有味道，如果你能体会到“一时”这个味道，你也在印度，对不对？佛说法时，你也在前，突破时间的狭隘性，时间本来就是一个虚幻的、人为规定的。所谓的长短全是相对。

“一时，佛在舍卫国”。佛指释迦牟尼佛，当时印度有十六个大国，其中最重要的是舍卫国。舍卫国国王的太子叫祇陀太子，所以这里叫“祇树给孤独园”。这个名字怎么来的呢？我们如果到中国汉传的寺庙去看，一般的伽蓝殿会供一个老头，再供一个年轻的帅哥，帅哥就是祇陀太子。那么这个给孤独呢？是一个老头，是一个大富长者，他的好朋友须达多长者，在另一个城市听佛陀讲经的时候，就对孤独长者说，这里有一个老师，这才是我们真正应该向他学习和请教的老师，他叫释迦牟尼。于是给孤独长者就来了。须达多长者跟释迦牟尼约说第二天才去见面，但他来了就是按捺不住，心里只有一个想法，我一定就要今天晚上见到佛陀。佛陀以他的力量感知到了，就说好吧，你要来就来吧。他就连夜到了竹林经舍。到了这里，看到竹林经舍的样子，非常喜欢，就说世尊我能不能请你到我们国家去，建一个同样的地方给你用，让你的僧团在这里修行。佛陀说好呀，然后就派了智慧第一的舍利弗跟着这个给孤独长者，并给孤独长者发了愿，凡是他的生意所在的地方，不能有任何一个乞丐，凡是有乞丐的地方他都要管他三餐，这是他发的愿，然后他就选地方，建了一个竹林经舍，非常非常美。去年四月我带团到印度去，第二次去。见到了那个竹林经舍。里面有一个大水池，佛陀在那里住了将近二十二年，在灵山下，在王舍城附近。这片地曾是祇陀太子的地方，给孤独长者说我要买你这个地，祇陀太子说你买地干吗呀？他说我要给释迦牟尼建一个经舍，让他修道用。太子说你别胡说八道了，我那地贵我不卖，除非你用金子给我铺满了，给孤独长者说好啊，他真的就回家把他库里面所有的金子都用马车拉来，把这个祇园铺满了。祇陀太子说我只不过一句玩笑话，你怎么能这样子呢，我不卖了。那个时候的王权和达官贵人，还没有现在这种地位森严的阶级制度，给孤独长者说你作为一国的储君怎么能言而无信呢？祇陀太子只得说，那好吧，既然这样子，树我就不买了，树我贡献给释迦牟尼好不好？“祇树给孤独园”，树是属于祇陀太子的，园子是属于给孤独长者的。

“与大比丘众千二百五十人俱。”佛陀刚一出家，就跟婆罗门教的两个领袖、领军人物学习四禅八定，一个学习了三个月，一个学习了大概十几天，就达到他们所教的四禅和四空地最高境界。但是他知道那还不是终极真理，所以他舍弃了六年苦行，回到菩提伽耶，坐在菩提树下，坐了四十九天，证悟了缘起性空的实相。可他坐在树下思维四十九天以后，发现他没有办法向别人开口，他所了解的，他所看见的（他所看见的不是我们通常所说的看，而是实实在在看到缘起的法则、性空的法则、无常的法则、无我的法则），去跟别人说，并没有人能接受，太难了，太深了，他就想算了，我坐在这儿一涅槃就走了。这时候，人梵天王（依据印度教和一神教来讲，他是这个世界的创造者、守护者、保护者）说：不行，释迦牟尼，所有的佛成为觉者，他都有责任、有使命来帮助这个世间，那样这个世间才有智慧之光能够传递下去，你不能自己享受了就走了，你应该把这个智慧从最浅的、根源的水平开始往下传……释迦牟尼一听是这个道理，是该往下传，他就又开始观察因缘。当年他是偷偷出家的，他的爸爸净饭王派了五个亲族，跟随他一起来修行，后来因为他放弃了苦行，这五个人就跑到鹿野苑这个地方，相约不再跟这个太子一起修行，认为他既然放弃了苦行，接受了牛奶拌饭这样的供养，就不是一个真修行的人。后来佛陀证道了，他观察因缘，发现还是这五个人最听话，就又找他们去了。

佛陀从菩提伽耶步行约二百公里，见到了他们。现在那个地方修建了五比丘迎佛塔。五个比丘就相约：等那个人来了，我们都不要理他，也不要管他，我们就当不认识他。他们管佛陀叫那个人。他们照顾他六年，佛陀苦行时都是他们在照顾他，后来佛陀发现苦行不是终道，并不能让身体得到滋养，也不能让心灵得到智慧的滋养，所以就放弃了无谓的、无益的苦行，接受了一个叫苏佳达的牧羊女的牛奶拌稀饭，然后他才恢复了体力，才有力气来打坐。佛陀走到他们那里，大概花了一个多月时间，这五个人本来想不见、不闻、不理的，但是莫名其妙的，又被佛陀身上散发出的那种智慧的力量给感动了，便拿草垫给佛陀敷座，然后给他打水洗脚。因为印度都是打赤脚，不穿鞋的，所以走到哪里都要洗脚。他们问世尊您怎么变了呢？我们本来相约不理你这个人的，可现在您身上散发的力量怎么不同了？佛陀说：我已经从生命的迷惑中醒过来，你们不应该再叫我那个人了，你们应该把我叫做觉者。佛陀就是觉者，所以不能再叫那个人。从这之后就有了五比丘，开始有了僧团。这是人间历史上真正有了僧团的开始。

比丘梵文的音叫 Bhiksu，意思是“乞士”，首先就是乞，乞丐的乞，士兵的士。不是乞丐，是有点像孔乙己那样站着喝酒却穿着长衫乞讨的人，是有文化、有修养的人。第一个意思叫乞士，第二个意思则叫“怖魔”，为什么？很多人对于生命错误的知见，弄得自己的生活很痛苦，生存压力很大，这样的痛苦就叫做魔。魔的意思不是指长得青面獠牙，很恐怖、很可恶那样的，而是指被错误的生活知见引向痛苦的生活方式，被折磨得走不出来，所以叫魔。第三个意思叫“破恶”，破除所有的恶。也就是一个比丘，按照戒法来生活，有二百五十条戒，比丘尼有三百四十八条戒，让他远离一切诸恶，所以佛法远离诸恶。

唐朝时候有一个功夫很深的鸟巢禅师，他不住在地上，而是住在树上。有一次白居易去请教，如何是佛法大意？唐朝的时候，佛法兴盛，八大宗派，老婆子都能谈禅，似乎随便一个人都能悟道。鸟巢禅师就说："诸恶莫做，众善奉行，自净其意，是诸佛教。"一些恶都不要做，自己让自己的心念干干净净，就是一切佛的教导。白居易说你这算什么，三岁的小孩子都知道。鸟巢禅师在树上说：居易呀，三岁娃子都明白，但是八十岁的老人不一定做得到，是吧？白居易这才老老实实在树下磕头，表明他服了。

那么这也就关系到佛法跟世间善法，它的区别点和共同点在哪里？一切看得见，摸得着，能被任何人尊崇学习的善、佛法、世间法、儒家、宗教基本上是共同的，只不过具体善恶的标准略有差异，但是差异也不是太多，这是共通的。很多人说我行善，对得起良心，这就是佛了。这对不对呢？只对五分之一，还有五分之四是不对的，因为佛法有不共的。比如说你光有善，"诸恶莫做，众善奉行"，远离恶、奉行善，这仅仅是一个层面，这个是世间善法。还有什么？是最根本的自净其意，让自己的内心远离、超越善恶。因为佛法的目的不是以善为目的，从所有的善恶两边对立中超越出来，成为大自在的生命，这才是佛法的唯一目的。仅仅有世间看得见摸得着的善还不够，因此我们在座的诸位也好，你们的亲朋好友也好，说我做个善人就够了，这还不够，不要浅尝辄止，生命的深度、生命的广度、生命的力度永无穷尽。我们眼见、耳闻、所及之外的地方有更加广阔的天地。我们这个经验、认知不到的地方，更虚无广大。你说我捐点善款，就让我心安理得了，这是浅层的心安，经不起打击，如果接受善款的拿着你的捐款去吸毒嫖娼了，那你马上比谁都痛苦，因为你觉得你的善被人欺骗了。但是佛法不会这样，佛法叫三轮体空，这就是自净其意。什么叫三轮体空呢？我给了人，他拿去做任何坏事，都是他的事，"我给他"这件事真实不虚，对不对？如果能做到这一点，你已经是超越了，这就是佛法的智慧。我们一般人为善，是带着指责性、强加性的，叫"滴水之恩，当以涌泉相报"。

然后我们往下看“千二百五十人俱”，这是常随众，也就是佛陀一走，经常就这一千二百五十个听众。大家想想看，那个时候没有音箱，没有扩音器，没有这些现代文明，他的声音怎么传播出去呢？武功一定很深。佛陀当年做太子的时候臂力很大，一般的人像提婆达多的几个堂弟能一箭射三个盾牌，佛陀能一箭射七个。有一次他们把一头死大象故意堵在城门口，佛陀双手一举，顺墙那边给丢了出去，砸了一个坑，叫象井，现在还在。所以他武功很高，像他这样讲法，一般人做不到。佛陀有十个名号，其中有一个名号叫“无上士”，他已经在印度受过最高等、最全面的教育，各方面文韬武略全都行，但是他觉得这些没有意思，不如出家做和尚好，他就偷偷摸摸跑去做和尚了，并且成了佛，从生命的迷惑中醒过来，被人尊称为觉者佛陀，这都是不经意的。因此释迦牟尼佛个人对创立宗教毫不关心，对于建立教法毫不关心，无所为而无不为。那为什么佛法会来到中国？实际上从海路航海到希腊去、到南洋去、到苏门答腊去、到爪哇比来中国大陆要容易得多，可是佛法到那些地方却不扎根，为什么？因为缺少那种土壤。而大陆却有这个基础。因为有道家的无为而无不为。儒释道三家争争吵吵，争吵之中又互相学习，所以不可分的。也许有人会质问，千二百五十人俱，怎么可能呢？当年没有交通工具，哪能一下子解决一千二百五十人居住的地方？这是因为印度没有冬季，只有旱季、雨季，天气热，哪里都能睡人。我这两年频繁地到印度去，经过一个火车站，看见瓦拉纳西大街小巷、三轮车上、石头边、沙滩上到处都睡着人，哪里都可以睡。所以看到那样才知道佛陀规定，说一棵树下不能睡三个晚上，坟边上不能睡三个晚上，这是非常有道理的。来到中国则必须要选一个地方定居，当时这种方式在印度教里叫游方。

“尔时，世尊食时”，吃饭的时间叫食时，“著衣持钵”，我们僧人的衣服叫三衣，不像现在的这种大襟衣，这是中国汉朝开创的汉民族的服装，这纯粹是汉族老百姓的服装，不是僧服。僧服的三件衣服实际上很简单，里面一条布，一裹，小衣，然后中间一个中衣，到了后半夜冷了，一个大衣，其实就是一大块布，比咱们正常的被单再长一点宽一点，冷了就这么打开，热了这么一卷，这边都露着，特别凉快。这种僧服也是释迦牟尼发明的，所以说释迦牟尼的智慧了不起，他还是时装设计师。

一次性的牙刷，也是僧团开始用的。佛陀规定，年老的比丘把黄杨木、杨柳木的枝弄这么一长条，插在水里，每天要用的时候剪那么一块，年轻人用口嚼，年老的嚼不动，拿小石头砸碎了用。杨柳木又除火，又除臭，这种一次性牙刷特别好，旁边一丢，羊就给吃了，兔子也吃了，一点都不污染环境。然后分餐，托钵乞食嘛，都用自己的。印度人吃饭不像咱们用筷子，西方人用刀叉，印度人吃饭是用手抓，钵里面连汤带饭，就用三个手指头，吃的时候捏成团。分餐制，特别卫生，这都是佛陀的贡献。

外道的修行人，跟佛陀同时代的，有六师外道，是六个重要的修行派别，有九十六个体系不同的修行派别，再加上原来的婆罗门教，整个印度是一个修行的国度。以前的外道吃饭时拿个破蕉叶，蕉叶饭就是这么来的。吃完后把蕉叶一丢，有时候化不来饭，就直接摘树上的香蕉吃，特别简单容易满足，所以他更多的精力用来思维生命的终极意义和终极价值问题，这是他的好处。那么佛陀不一样，他一看这些人太窝囊了，要不就赤身裸体的，要不就大夏天搞堆火钻来钻去的，太有悖人的常伦，所以提倡吃饭用钵，这样汤和饭怎么也不会洒，如果拿芭蕉叶盛饭，不但汤流走了，饭也流走了，而钵滴水不漏，捏着就行了。

"入舍卫大城乞食"，乞食是有一个条件的，不能说我认识他，他家顿顿大鱼大肉有好吃的，就每天到他家去，而不去每天都是窝窝头、咸菜疙瘩的那家，必须要按照次序平等接受。无论给好给坏都要欢喜地接受，叫乞食。

佛法讲平等，而不是作威作福、奴役人民。

"入舍卫大城乞食。于其城中，次第乞已，还至本处。"真正的出家人吃饭，饭前给鬼神，让他们分享，饭后无论你乞得多，乞得少，必须最后留一些给身边的畜生吃，不能吃光光的。但来到我们汉地却给它改了。汉地的和尚讲究“三心不了，滴水难消，五观若存，千金易化”，“施主一粒米，大如须弥山。今生不了道，披毛带角还”，“锄禾日当午，汗滴禾下土，谁知盘中餐，粒粒皆辛苦”等全都是教人如何吝啬，这种教法已经违背了佛法的教导——分享、分享，而全是吝、吝。汉传佛教四次的法难：北魏武帝，北周武帝，唐武宗这三武灭佛，以及五代周世宗法难根本上的原因都是经济原因，僧团获得了上面国王政府大量的土地、拨款，奴隶多、劳工多、雇农多，老百姓流离失所，引起了民怨，最后导致了这个法难。

真正的佛法托钵乞食，跟吃荤吃素没关系，托钵不可以拒绝，人家给什么都要欢喜接受，不能挑三拣四，这才是戒律。现在汉传佛教吃素成为戒律，为什么现在的人从吃素开始呢？要知道这种变化演变的好处与坏处。它的好处是普通人更能了解不杀生的和放生的功德，尊重生命的尊严与权力，他的坏处是使各种修行者越来越没有时间打坐，即使坐了，他也不得坐的乐，难得法乐。知道正本清源，真正是干嘛，分享才是佛法。

“收衣钵，洗足已，敷座而坐。”刚刚里面说过了，佛陀都是打着赤脚。敷座而坐，坐下来了，无所事事了。如是如是，我闻如是，如是我闻。佛陀现身说法，既没有放光，也没有天上掉花，既没有什么大梵天王，也没有什么天神、星罗棋布的伞盖庄严到这里来，又铺地又铺床又铺座，都没有。很简单，像一个普普通通的修行人，托着钵，到处乞食，然后回来吃饭，吃完饭，自已洗了衣服，洗了钵，洗了脚，坐下来打坐。

让我们来看看这样的佛法能不能被老百姓接受，跟我们的生命是有关还是无关？如果说这个经典上来就是佛陀长了十八丈高，一千只眼，两万只手，往这一来，这个人作恶，抓过来，咔嚓交给地狱；那个人做善，火箭发射天堂。然而这样的佛法跟我们的生活有关还是没关？更多的只是想象，对不对？虚无缥渺，不可证真，起码觉得太不可思议了，是吧？但是这样的一个佛陀，这样一个老师，这样一个觉者，他吃饭跟我们一样，他走路跟我们一样，甚至我相信他走累了，唉声叹气时也会跟我们差不多。这样的老师他的教法跟我们息息相关，所以佛法是关乎人心的佛法，不是关于佛教信仰的佛法。佛法是铲除每个个体心灵烦恼的佛法，你的心灵有了不安，有了躁动，有了烦恼，你想找到一个方法来把心念净化，升华它，佛法就有这个方法。并且这个方法是无条件的，无选择的，只要你愿意，他就有方法。你愿意才是根本。我不可能拿着高音喇叭，搞个秘密通道搁你床头，把佛法灌传给你。还要随缘，你欢喜来了就来了，你不接受就不接受，没有什么。所以他跟有些宗教的狂热有极大的不同，那些宗教的狂热是：我就是唯一的，你们必须都上我这来。佛法不这样，简简单单、从从容容，恬恬淡淡，他是本然如是，接受了你就接受了，不接受，那就等待机会，不着急。如果这样的佛法能够被大家普遍的了解和认知，想想看我们的世间是浊恶的还是清静的？一定是清静的。那也就是天堂与极乐根本不在别处，就在我们每个人的生命之中。若每个人都是这样简简单单、恬恬淡淡、喜喜乐乐的，天堂就已经被我们创造出来了。

请大家跟我合掌
愿消三障诸烦恼
愿得智慧真明了
普愿罪障悉消除
世世常行菩萨道
普愿一切见者闻者听者
远离痛苦之因、痛苦之缘、痛苦之业
普愿一切见者闻者听者
建立解脱之因、解脱之缘、解脱之业
普愿一切见者闻者听者
快乐安详得以解脱

愿一切众生

快乐安详得以解脱

愿一切众生

快乐安详得以解脱

愿一切众生

快乐安详得以解脱

第二品

善现启请分

请大家合掌

南无本师释迦牟尼佛

南无本师释迦牟尼佛

南无本师释迦牟尼佛

无上甚深微妙法

百千万劫难遭遇

我今见闻得受持

愿解如来真实意

时，长老须菩提在大众中即从座起，偏袒右肩，右膝着地，合掌恭敬而白佛言："希有！世尊！如来善护念诸菩萨，善付嘱诸菩萨。世尊！善男子、善女人，发阿耨多罗三藐三菩提心，云何应住，云何降伏其心？"佛言："善哉，善哉。须菩提！如汝所说，如来善护念诸菩萨，善付嘱诸菩萨。汝今谛听！当为汝说：善男子、善女人，发阿耨多罗三藐三菩提心，应如是住，如是降伏其心。""唯然，世尊！愿乐欲闻。"

"时"，跟刚才的一时是一样的道理。佛陀闭目打坐，但是弟子们不让他老人家安心，"长老须菩提在大众中"也就是有很多人，他们找出一个个问题，这一问问出一个《金刚经》来。长老是指修行多年，德行、修养、智慧都堪为人师，所以叫长老。须菩提翻译成汉语叫"解空"。他一出生的时候，家里莫名其妙的什么东西都没了，家里面吓坏了，这怎么办呀？金银财宝没了也就罢了，牛马骡驴也没了，家人赶紧找当时婆罗门教的那个仙人，这个仙人是指修行的人，不是指神仙，当时那些婆罗门陀教徒们都会咒术，会打卦。仙人说："哎呀，这个孩子了不起呀，他将来能解空，证得空性！"算完后，那些丢的东西又莫名其妙地出来了，所以叫他须菩提。在释迦牟尼十大高僧里他是以解空第一。

"即从座起，偏袒右肩"，这是印度的礼节，刚才我们说了袈裟这边是偏的，现在东南亚的和尚们、比丘们，还有藏传的一些喇嘛们，还都穿这个。我们中国汉族的、韩国的、日本的和尚都穿汉传的服饰。

“右膝着地”，这个叫胡跪，也就是胡人的跪法，在现在的新疆那一带，西域三十六国：吉尔吉斯斯坦、阿富汗、巴基斯坦、印度北部、尼泊尔等一带都叫做胡跪。

“合掌恭敬而白佛言”，古语以下对上，以卑对尊叫“白”。这个佛说，难得稀有，如果我们要真正明白佛法在说什么，他并没有说菩萨呀你应该怎么样，或怎么样才是菩萨，他没有，佛陀吃饭就吃饭，托钵就托钵，打坐就打坐，本来如是，如是本来，就是这样的。但是解空第一的须菩提，知道这样就是佛陀真正对菩萨们的付嘱、护念，真正对修行人的照顾和帮助，就是以平常心之道。所以我跟很多佛教徒都说过，既不要念这个咒，说念这个咒能免八十劫生死重罪，念某尊佛可能得多少的健康长寿，我都没有教他们这些，那都是交换，佛法不是交换的法。善护念诸菩萨，善付嘱诸菩萨，平常心才是保护每一个个体修行者不出任何状况的唯一的法宝。平常心是道，在我们汉传佛教，尤其是汉传佛教的禅宗里面，大家公认只有这个才最接近佛陀的心愿。既不显意，也不显现神奇，我们看不见摸不着的，也不迷惑大众，而是用平常心，吃喝拉撒睡，所谓举手投足、扬眉顺目、拉屎撒尿全都是禅。青青翠竹映黄花，满目青山细细流水全是禅，都是平常我们看得见摸得着的，并不是说在地球之外的另一个星球才有禅，也并不是说死后多少年留一根指甲一根头发才是禅，禅是眼前的，被自己证知、被他人熟知的，这个才叫平常心是道。

“世尊！善男子、善女人，发阿耨多罗三藐三菩提心，云何应住，云何降伏其心？”菩萨，也就是修行明白已经上路的人、过来的人，就这样住，这样降伏其心，佛陀已经现身说法，善护念、善付嘱。那普通的善男子，善女人，“发阿耨多罗三藐三菩提心”，翻译成汉语叫无上正等正觉之心。普通的善男子、善女人要发无上正等正觉之心之后该怎么住呢？该如何降伏他的心呢？须菩提是给谁问的呢？是给菩萨、罗汉问的，还是给我们这些普通众生问的？当然是给我们问的。佛爷说善哉善哉，好呀，好呀，须菩提如你所说，确确实实就像你说的那样子，如来善护念诸菩萨，善付嘱诸菩萨，“汝今谛听”，好好听呀，谛听就是要正心做观。什么叫做正心做观呢？谛听没有杂念，摒除所有的念头，完全是佛陀说到哪个境界，他心念上已经观想到了、达到了哪个境界。想要求得无上正等正觉的，应如是住，就这样住，就这样降伏其心。

唐朝禅宗兴盛，有很多关于这样的故事，我记得有一个故事是这样子的：

有一个人要离开他的老师了，跟了老师三年了，他认为他的老师没有教给他佛法，就想离开。他说我跟你辛辛苦苦三年你什么都没有教我。这个老师说我没教你吗？他说三年来我没事就早上起来扫地，吃了饭，就给你洗碗，洗了碗，就让我去种地，种完地中午回来就吃饭，吃了饭下午又去种地，晚上就打坐，然后你啥也没有教我啊！老师说：是啊，难道除了吃饭、种地、打坐之外还有佛法吗？这一句反问：“是啊，难道除此之外还有佛法吗？”这个弟子有根性的，他说既然如此，那为什么世间各个人都饿了吃饭，该劳作就劳作，却为何不成佛呢？老师就回答：“因为他千般计较，百般思量。”吃的时候挑剔，这个肥、那个瘦的，睡的时候呢？嫌这个床太软，那个床太硬。徒弟说：啊，师父我明白了。包往下一卸就不走了。所以平常人也会饥来吃饭，困来眠，却因为他的思虑之心夹杂在里面了，因此无法成佛。但是作为一个修行人，作为一个禅者，很欢喜的，如其本来。穷，接受穷的睡法、吃法，富，接受富的吃法、睡法，在路上就接受路上的，在家里就说家里的话，他不那么挑剔、讲究，很随缘，很安分，就这么简单。所以就是“应如是住，如是降伏其心”。佛法的微妙就在这里。“唯然，世尊！愿乐欲闻。”这个乐，是喜欢，我很愿意的意思。

请大家跟我合掌

愿消三障诸烦恼

愿得智慧真明了
普愿罪障悉消除
世世常行菩萨道
普愿一切见者闻者听者
远离痛苦之因、痛苦之缘、痛苦之业
普愿一切见者闻者听者
建立解脱之因、解脱之缘、解脱之业
普愿一切见者闻者听者
快乐安详得以解脱
愿一切众生
快乐安详得以解脱
愿一切众生
快乐安详得以解脱
愿一切众生
快乐安详得以解脱

2006年10月，在印度菩提伽耶佛陀当年证道的菩提树下

第三品

大乘正宗分

请大家合掌

南无本师释迦牟尼佛

南无本师释迦牟尼佛

南无本师释迦牟尼佛

无上甚深微妙法

百千万劫难遭遇

我今见闻得受持

愿解如来真实意

“佛告须菩提：诸菩萨摩诃萨应如是降伏其心！所有一切众生之类：若卵生、若胎生、若湿生、若化生；若有色、若无色；若有想、若无想、若非有想非无想，我皆令入无余涅槃而灭度之。如是灭度无量无数无边众生，实无众生得灭度者。何以故？须菩提！若菩萨有我相、人相、众生相、寿者相，即非菩萨。”

前面的现身说法完了，上来就开明宗义。须菩提问的是善男子、善女人，发无上正等正觉之心，应如何住？如何降伏其心？而佛会先回答哪个问题？是住还是降伏？佛的回答很微妙，“佛告须菩提：诸菩萨摩诃萨应如是降伏其心！”那边说善男子善女人发无上正等正觉应如何降伏其心，这里却说诸菩萨摩诃萨应如是降伏其心，怎样降伏呢？降伏自己的心，从哪里降伏呢？所有一切众生之类，所有涵盖无疑的，生命的形态，看看哪几类？若卵生，如鸡和蛋，先有鸡还是先有蛋？不管是先有鸡还是先有蛋，总之鸡这一类的叫卵生；胎生，咱们人、牛、马、猪、羊是胎生。父亲的精子，母亲的卵子，是卵生，也是胎生；湿生，则是完全靠湿气而生，如切块西瓜放那儿，你会发现再怎么无菌的状态下，照样会生出一些飞虫。“若化生”，毛毛虫变蝴蝶，蛾子、飞蛾从蛹变成了蛾子，这是就化生。还有蚂蟥，你把蚂蟥切成数段，过不了三天，切多少段，出多少只蚂蟥，很奇怪吧。这也是化生。

我记得非典的时候，每个星期五和星期日，我都在月坛北街一个读书会里讲《金刚经》。我记得那个时候大家都很恐慌，我就推荐大家看两本书，一本是法国的存在主义作家加缪写的《鼠疫》，另一本就是哥伦比亚的小说，诺贝尔文学奖得主马尔克斯的《霍乱时期的爱情》。在灾难面前人不应该怨声载道，不应该指责政府或其他人的无能，应该看看我能做点什么事情，为自己、为他人、为社会、为整个这个事件付出点什么，这才应该是一个人，更不要说是一个佛家弟子应该做的了。而不是因为我修行了，就有权力把别人打入冷宫或者地狱。“若化生”。鼠疫这件事，你杀的越多，老鼠越多，很奇怪，杀了一窝老鼠马上会再繁殖十窝。所以科学家说未来地球上人类灭绝后，这个世界就是老鼠的，这种事情极有可能，这是化生了。“若有色”，是不是有色就看得见摸得着？“若无色”，就看不见，摸不着，但是你见到过鬼了吗？见过，经常见鬼，小气鬼、淘气鬼、酒鬼、色鬼、赌鬼。对某一个东西他的心过分的贪着在那个状态，他就叫鬼，它是以贪欲为性，所以是看不见的无色。“若有想”，那我们人有没有想，打一下手，手知道痛，当然有想。“若无想”，无想的生命大家有没有见过？植物有想还是无想？这里专指的是生命而言，不是指无生命的，专指有生命的，像人、像畜生这样的生命而言。“若非有想非无想”，这是指禅定的，四禅八定的第八层叫“非有想非无想”，就是粗的想他是没有了，但是细的想他还有一点点，还有一点点，就叫“非有想非无想”。

“我皆令入无余涅槃而灭度之”，所有的这些众生，我都让他们怎么样？进入“无余涅槃而灭度之”，不是把他的肉体上消灭，是让他烦恼止息。烦恼消灭，然后度脱了烦恼此岸到达了解脱的彼岸，叫做灭度。一般人错误地领会了“死”就叫做灭度，大错特错了，灭是烦恼的熄灭，而不是消灭。熄灭和消灭一字之差，千里之遥。消灭是我要以水去浇火，叫消灭；熄灭是什么呢？火在燃烧不再加薪、不再加柴，沸水也就自然地平下来了，水还是水，锅还是锅，什么都没破坏，所以消灭和熄灭一字之差，境界截然不同。

那一切的生命都能够烦恼止息到达解脱的彼岸，然后呢？所有的众生，“实无众生得灭度者”。“何以故”？为什么这样呢？须菩提，如果菩萨有我相、人相、众生相、寿者相，即非菩萨。我相是什么？一米七、男的、光头、和尚、叫明奘，这是我相。名片一拿出来，某某公司董事长，某某公司宣传策划总监，这还是我相，那么有我就怎么样？就有人，父亲和母亲二人对立就有了他，生了个小孩子。“我相人相众生相”，说得非常的妙，把生命的源头、缘起都告诉我们了，我相是一切的根本。既然有了父亲、母亲、孩子，众生相，就希望家庭和和睦睦、快乐到永远。寿者相，总是希望长乐如此。但是佛陀告诉你们，若菩萨有我相、人相、众生相、寿者相即非菩萨。所以有我、人、众生、寿者四相都不是菩萨。

那现在想想看，我们要想破除众生相、寿者相、人相，应该从哪里破除？首先应该破我相。佛法讲诸行无常，诸法无我，这个“我”不是指没有，而是指不能独立存在，不能够独立做自己的主宰，不能够自己让自己成为自己，一定会受到外在的各种各样条件的制约，所以不能独立存在、不能独立主宰。他不是什么都没有，但不能恒常存在，不能独立存在，不能离开条件而存在，所以“无我”的本意是这样的。这跟道家所讲的“空”完全是两个意思，道家所讲的“无”是没有、彻底的没有。比如说山河大地、日月星辰在哪里运行？在宇宙里。宇宙在什么包括之下？更大的虚空宇宙无非还是在虚空里面，虚空在哪里呢？虚空在我们心内，外之山河大地，内之眼耳鼻舌身意，无非是我们妙明真心中之物。《楞严经》前五百个字就告诉我们这个道理。就这么简单，全是我们妙明真心之物。所以一旦我们明白了无我的法则，既然不是什么都没有，它就一定会遵从一个自然法则，这个自然法则就是佛法的戒律。五戒是我们做佛弟子的行为之本；十善是我们与他人相处之本；六度是我们帮助、服务社会的做事之本。五戒：不故断任何生命；不偷盗任何人的财产；不去奸淫别人的妻子；拒绝所有的酒精和麻醉品；不说欺骗人的话。这是做人之本。我们活着就必须要跟他人发生交往，不但不去杀生，相反要放生、尊重生命；不偷盗，反而要布施，把自己的财物还要给别人分享；不去奸淫别人，还要让别人婚姻幸福、感情稳定；拒绝说假话、拒绝说挑拨离间的话、拒绝说颠倒黑白的话、拒绝说低三下四、低级下流的话、拒绝说粗恶的骂人的话；拒绝酒精和麻醉品，这就是十善。然后再去行六度：布施、持戒、忍辱、精进、禅定、般若六度，这就是佛法。在体验到诸法无我的状态下，给一个佛弟子的行为提出一个规范，这样他才是生活中的佛法，才有资格让佛法行走于世间，“犹如莲花不着水，亦如日月不住空”。

但是现在我们佛教徒提出了一个根本性的问题，我们把佛法变成什么了呢？变成跟生活毫无瓜葛的东西了，我们的生活和佛教信仰是完全两个东西，周一到周五我上班，到周六周日我放假，我心安、我也理得，然后我也慈眉善目，人家打我一下我说“阿弥陀佛”，把我兜里的手机掏走了，我也说“阿弥陀佛”，认为那是我业障、欠他的，然后一回来该争争、该吵吵，这就不是息争之法，完全是斗争之法。又如星期六在山上放生，星期一回来之后，就来个红烧鱼，完全大错特错。佛法是息息相关的佛法，所谓息息相关就是你一呼与一吸之间都有佛法，跟你是不是佛教徒、是不是接受了佛陀的戒律要求都毫无相干。还要看你愿不愿意对自己的生命负责任，如果愿意，你就是佛弟子，不管你承认不承认；你不愿意，那没办法。所以只要你愿意对自己的生命负责任，每个人都是佛的弟子，因为佛没形象，佛只不过是一个老师，他发现了宇宙间至美至真至善的法则，这个法则在人人面前是平等的，跟你信不信，跟你是否了解无关。如是本来的这样存在，你信他也存在，你不信他也存在，你信了，那么你做善，得乐受，做恶得苦受。“非典”期间我到老挝缅甸和泰国交界的地方，没办法自己走，要靠边防警察带着我们走，因为那里的国境线，全埋着地雷。大家都知道，当年越战时美国在柬埔寨和越南埋着大量地雷，经常是平民百姓被炸死，没有人去补偿他们。很多人曾说不知者不怪，可在这里你不知就不炸你了？所以自然法则如此，做善得乐受，做恶得苦受，跟你信不信没关系。佛法是自然法则，本来就存在的，你不信它也没有减少一分，你信它也没有加多一分，就这样。

问：您刚才把灭度解释得很清楚，您能不能再解释一下涅槃，这两个是不是很相近的意思？

答：好。灭度是从做功用上说，也就是说从行为上说，涅槃是从结果上说。从结果上你把一件事已经做到位了，这就是涅槃。那么所谓的灭度是什么呢？它是说让我们的烦恼停下来，烦恼停下来了自然到达彼岸了。打个比方说，这个杯子就是我们修行的根本，一般人错误的理解成我们的灭度就是让它回归成泥土，不是的。佛法讲灭度，就比如这个杯子本来没有善恶、没有好坏、没有干净污染之别，但是现在被我用久了，装了敌敌畏，装了剧毒的氯化物、氟化物，而现在我却只有这一个杯子，它是唯一的容器，那么灭度就是用有效的方法，把这些污染物清除掉，恢复它本来的干净。佛法上叫不增加任何东西，不减少任何东西，只不过把它的污染物摘除了，因为污染物本身没有任何污染，只是组合不当才造成污染的，一切都是本来清净的，因此说不垢不净，没有脏与净的差别，不来不去、不增不减，只不过剥离而已。那现在我们修行，只是把我们凡夫的二元认知从我们习惯的认知中剥离出去，回复它如其本来的样子就是了。《金刚经》开宗明义说，你别把佛讲得是一个三头六臂哪吒一般的有神通的人物，不是的，但尽凡情别无圣解，只要把你凡夫的那个认知去掉了，就是本来如是。

灭度是功用，还在修行的方法和阶段，涅槃是他得到的结果。而这一切都发生在我们本来当下这个身心、生命之中，不在别处，不在生前、不在死后、不在睡着中，就在我们活着的每一个分分秒秒之中，可以灭度，可以涅槃，它跟生死是无关的。

问：我想请问一下“菩萨”是什么意思？假如说佛不是只指佛陀的话，那菩萨和佛有什么区别？

答：菩萨的全名叫“菩提萨埵”，翻译成汉语叫“觉有情”，“菩提”是“觉”的意思，“萨埵”是“有情”。就是指生命。觉悟的有情就叫“菩萨”，但他的觉悟又没有达到佛陀那样的自觉、觉他、觉行圆满，所以他叫菩萨。菩萨有五十二个位次，从十信位、十住位、十行位，十金刚位、到十地，等觉妙觉等，最后成为佛。佛就相当于已经毕了业的博士后，并且他可以当大学校长，菩萨有重点大学的、有名牌大学的、有世界一流的、也有县级市的大学的，尽管也是四年本科，但是他的教学水准，可能就是十信位、十住位的。

问：我有两个问题，首先请师父开释一下“缘起性空”。第二个问题是末法时代，我们怎么区分正法和邪法？比如说和其他宗教或者是其他外道，对于他们的学说有的时候会很相应，但是依据佛教大乘经典或者是其他师父的教诲又觉得不应该跟外道学习。

答：好，先说第二个问题吧，第二个问题更物理一点，第一个问题更空，更灵性一点。如何在这个时代，即末法时代，区分正法与邪法。四依法，第一个叫“依义不依语”，言说得再天花乱坠，也还是有问题的不可信，所以要依赖它意思里面的道理。第二个叫“依智不依识”，识是分别的意思，就是我们的意识，第六识、第七识。依智，智是智慧的意思，智慧是无分别的智，意识是有分别的智，又衍生出“依经不依论”，依佛经而不依祖师的论。经是佛所说，论是佛的弟子后代的祖师们所作；“依法不依人”，这个人看似高僧，但实际上不一定真是，所以叫“依法不依人”。他所说的法符合缘起，符合诸行无常，诸法无我，可以信，哪怕是一个抽着烟哼小调吊儿郎当的你也可以信他。“依了意不依不了意”，佛陀说法四十九年分了五个时期，就像人生的不同阶段，其中有了意的时期，有接引幼儿园的时期，有接引初中生的时期，有接引高中毕业生的时期，也有接引大学毕业的时期。你当然要依那个大学毕业的，而不要依那个幼儿园的。那么这是四依法。再从正见上看，八正道中：正见、正思维、正语、正业、正命，正精进、正念、正定。而正见是最根本的。正见真如，正见缘起，正见无常，正见无我，共四个法则。正见真如是怎么来解决的呢？离开你这颗心不存在任何佛果，离开你这颗心不存在任何修行，离开你这颗心不存在任何得失，这颗心是唯一的修行之本，它不在死后完成，不在死后才浮现它清净光明的一面，这是叫正见真如。这一点是佛法跟其他宗教的最大的差异。第二个法则正见缘起，一切法则都是因缘而生，所有条件聚合出来了，它就叫做缘聚则成，如果条件不具备了，缘散则灭。就比如我们现在，再过一个小时，我相信这个缘散了，今天晚上讲座就结束了，但是现在它还在眼前，叫缘聚则成。这就是正见缘起，一切法都是这样。你说你的心念是你自己做主的吗？你想想，最根本的你的心念，都是被条件制约的。现在坐了一会儿有没有觉得饿的？再问一下，各位觉得热不热？热。热是本来没有还是因为你坐久了而有？还是因为人多呼吸不畅、空气不通导致的？各种各样的原因聚合而有，对不对？如果是你一个人，往地上一躺，又没有我这个和尚在说话，那你肯定是冰凉的，是吧？所以要正见缘起。正见无常，世间万事万物，都是无常变化的，你找一个不变的东西出来，能不能找到？找不到。四依法、四正见，拿这八个东西一拣择，什么问题就都看清楚了。所以佛经的了意经很像是照妖镜，一看就看出来了。

至于第一个问题，如何是缘起性空，因为缘起本性不能做主宰，你能说本性就是空吗？因为它本性空，所以必然就被条件所制约了，相辅相成，拳手不离，一事的两面，拳和手两面。所以缘起必然性空，性空不是什么都没有，只不过不能独立存在，不能恒常做主，这就是空的本意。它是实实在在有一个相，但这个相是遵从无常无我法则的，所以叫做空。这个缘起即是性空，性空即缘起，但缘起性空的体现，是透过无常无我表现出来。这个道理不容易理解，但是一旦你真的理解了，你会高兴得不得了，因为你体会到了法的力量。

问：您刚才说善男子、善女人应如何住，如何降服其心，第一，什么是住？什么是降服？第二，我为什么要去住，为什么要去降服？第三，您刚才说佛陀他先回答降伏，那为什么会有这样的强调呢？

答：应如何住，怎么样才能降伏其心？不降伏可不可以呢？也可以，别忘了他前面有一个条件，说“善男子善女人，发无上正等正觉之心，应云何住”，也就是说想要达到无上正等正觉的那些善男子、善女人才行，假如我们现在走到大街上，对一个普通人说：哎，告诉你啊，佛法说了诸行无常，诸法无我，诸漏是苦，人生活着没意思。人家肯定说你有病。那么佛法讲你要认识到生命存在的种种的残缺与不圆满，想要解决它，这就叫做发无上正等正觉之心，就是认知到生命存在的切切实实的残缺以及圆满的人，叫善男子与善女人。既然认知到了，想要改变它，该怎么样去改变？别着急，欲听后事如何，且听第十章解。《金刚经》在所有重要的佛经里面，是唯一一个没有生僻字的经。除了那个“耨”字，阿是无，耨是上，翻译成汉语是“无上”，无上正等正觉，“三”就是正的意思，其他全是大白话，但是它的道理却是最难懂的。汉传佛教所有的经典里面最难懂的就是《金刚经》，全是大白话，可是道理你今天看不明白，明天看不明白，可能只有看了一千遍之后，突然了悟：哇，原来佛法这么好！所以希望你这七天天天来坚持，只听了今天，大概会让你今天晚上都不好睡觉，到底在说什么？无所住、生其心，卵生、胎生、湿生、化生，有色无色、有想无想，那些是真的还是在讲天书呢？都会是问题，所以今天是抛砖引玉，希望大家能努力学习《金刚经》，它并不是只属于和尚的专利，而是属于每个个体生命的应有之物，那就是我们的目的，佛法就是针对人心而安立的，不是针对出家和尚而设置的，这个定位是很难得的。

问：我前几天参加了一个中国佛教协会组织的“首届2008中国佛教的讲经研讨会”，其中有一个佛学院的学生，提了这么一个问题，说“应无所住，而生其心”，那么已经无所住了哪还有其心呢？所以我想请奘师简单开示，谢谢。

答：“无所住而生其心”啊，无所住，看过《六祖坛经》吗？无者无何物，念者念何事。无者无妄念，念者念真如。他这个提法，本身就把无所住完全给断灭空，在哲学上叫断灭空，无所住认为什么都没有就错了，无所住是说不住任何一个不该住的地方，既不住色、不住声，也不住香、不住味，叫不住色声香味触法而行布施，菩萨应该无所住，而生其心，前面他给断章取义了，前面是有无住，是色、声、香、味、触、法，眼、耳、鼻、舌、身、意、六根、六尘、六识十八界都不住，叫无所住而生其心。而十八界是什么？完全是心识的幻影，所以他这个是断章取义，这个问题本身不成为问题，如果佛陀在场会说此非正论，此非正论，因为他这个问题没有搞清楚，他已经进入了断灭空了。

问：请问法师，什么是信仰？

答：信仰就是把自己交给一个认为愿意交给的对象，我的生命、我的任何东西都交给它就好了，活着的事我自己摆平，信仰的事、死后的事上帝摆平，这就是信仰。把自己交给一个愿意交托的人，就是信仰，当然这个人有时是人格化的神，有时是神格化的人。所以对于到底上帝是人造的还是上帝造的人这一问题我更倾向于人造的神这一说法。电影《东方不败》中东方不败明明已经死掉了，那些倭寇以及宫廷里面的大内高手们几拨人还在假借东方不败的旗号满足自己的为所欲为，如苗人在那儿把东方不败弄成个神在那里摆酒、杀鸡宰羊地供着，这就是在造神。所以马克思说，宗教在某些时候就是安抚穷苦大众的精神鸦片，这是良性的一面、好的一面，不好的一面，万一被别人利用，就成为欺骗劳苦大众的精神鸦片。所以它是两个层面，既有安抚，在困难痛苦时期安抚，作为一个温暖的精神鸦片的，也有被别人利用的，纯粹是具欺骗性的精神鸦片的作用，这是宗教、信仰的特性。因此我们要淡化的是迷信，强化的是智慧。佛就是觉的意思，真正的佛法跟迷信截然不同，是唱对台戏的。

问：怎样才能精进？为什么越学越迷茫？

答：肯定是没找到乐子，找到乐子越打坐越痛，越痛越想坐，那就不迷茫了，因为他有目的啊。一个三轮车夫，早上批了五十斤大白菜，到晚上还剩十三斤没卖完，到底是送人还是等着第二天泡泡水再卖掉，他非常的精进，想了各种各样的办法，目的明确。所以修行，不要把目标定得太遥远，说我必须像释迦牟尼那样打坐四十九天就成佛，我不悟道就不起坐，必须怎样怎样，必须开悟，这都是胡说八道，做不到的。所以修行在给自己定一个目标的时候，应该要知时知量知节。

知时，这两天我正是身心疲惫、烦躁不安的时候，强行要求，比如说给你一个咒子，今天没有读就下地狱，也是完全没必要的。你本来就出差坐了十八小时的飞机了，还要两个小时嗡嗡地背，这样子肯定不行。修行要知时知量。知量，我今天实在实在累了，那么不妨我就睡了，等精力充沛了，你也不要想我再补回来，没必要。知节，不可过饱，不可过不饱，过犹不及。知时、知量、知节，定立目标时要清晰，比方说一年内，我起码能够把三本佛经读通，五年内我起码能够把《楞严经》读懂，十年内我能双腿一盘两个小时不动，这就是可以看见的。说我十年内我就往生到阿弥陀佛极乐世界里了，你再有本事可能也去不成，因为这是偏离了生活。所以一定是在世间看得见、摸得着的这个修行中能够兑现的才叫活在当下，修行在当下。

问：**时常懈怠怎样才能逆转？**

答：这是因为你觉得你的目标跳三个高还够不到那个苹果，然后就说算了我也不做了。相反这个苹果就在你面前，可能事实上只要再跳一个高，就够着了。所以修行是很有技巧的。佛陀也尝试过所有的笨方法，全都经历过，六年苦行，日食一麦，饿得皮包骨头，连自己沐浴洗澡的力量都没有。一洗没力气，水一冲倒下了，苦行就放弃了。而在那极端奢华的日子里，自己在王宫里时也安置着这样那样的宫殿，有一天，歌舞升平后睡着了，他醒来一看每一个人都睡态难看，打鼾的打鼾，原本的香味也没有了，一些臭味倒出来了，顿觉人生没有意义，于是出家做和尚了。所以释迦牟尼他什么都经历过，娶过三个太太，有过一个孩子，最高等的教育他受过了，最奢华的享受经历过了，知道过度的纵欲，过度的控制苦行都不是正道，所以才创立了佛法，叫做中道之法。任何人都能够走在这条中道之法上，不偏离，走到两边的都要出问题。所以最后的总结是：平常心是道。汉传佛教以平常心这个教法最直扣佛的心法，没有偏离。因此经过了三武一宗的法难，经过了废四新学运动……禅宗仍然葆有力量，没庙有庙了，没经书有经书了，没和尚冒出个光头和尚来，这很莫名其妙的，因为他们对法的掌握和理解程度很高，并且还普及到全世界去，这是很难得的。它靠的是什么？它不是靠的一个组织，靠的是这个法的力量，而这个法的力量，自然法则本来如是，只不过有这么一个缘起，就显现了。

请大家跟我合掌

愿消三障诸烦恼

愿得智慧真明了

普愿罪障悉消除

世世常行菩萨道

普愿一切见者闻者听者

远离痛苦之因、痛苦之缘、痛苦之业

普愿一切见者闻者听者

建立解脱之因、解脱之缘、解脱之业

普愿一切见者闻者听者

快乐安详得以解脱

愿一切众生

快乐安详得以解脱

愿一切众生

快乐安详得以解脱

愿一切众生

快乐安详得以解脱

第四品

妙行无住分

请大家合掌

南无本师释迦牟尼佛

南无本师释迦牟尼佛

南无本师释迦牟尼佛

无上甚深微妙法

百千万劫难遭遇

我今见闻得受持

愿解如来真实意

复次，须菩提！菩萨于法，应无所住，行于布施，所谓不住色布施，不住声香味触法布施。须菩提！菩萨应如是布施，不住于相。何以故？若菩萨不住相布施，其福德不可思量。须菩提！于意云何？东方虚空可思量不？不也，世尊！须菩提！南西北方四维上下虚空可思量不？不也，世尊！须菩提！菩萨无住相布施，福德亦复如是不可思量。须菩提！菩萨但应如所教住。

这个分段分得非常好，大乘正宗分之后，马上就进入主题，妙行无住。“无住”是一个状态，“妙行”是另一个状态，把两者高度融合就是佛法。光有妙行，有住就成为烦恼，是不是？没有妙行只有无住，成为空无，看不见摸不着，没有兑现处，没有落脚点。

“菩萨于法，应无所住，行于布施”。菩萨，昨天讲过，“菩提萨埵”觉有情的意思，“菩萨于法”，这个法不是指法律的法，是指宇宙万物存在的相状，宇宙万物存在的相状全都叫做法，包括了一切。

“应无所住”，也就是什么样的东西都应该无所住。但是我们很多人，像昨天有个学生来问，既然是无所住就应该生其心，如果已经无所住了，还生其心干吗呢？你看佛陀说“菩萨于法”，有没有法？宇宙万物包罗万象、春暖冬凉，是不是具体的存在呢？很实在的存在。“菩萨于法”应无所住，也就是说自然法则存在的一切我们都应该接受，接受但要无所住，行于布施。“行于布施”什么意思呢？我们一般理解布施就是我们拿东西给人，对吧？但是佛法里讲布施是什么样的呢？看看真正的布施是怎么样来定义的。

“所谓不住色布施，不住声香味触法布施。”色，是指占有空间，占有体积、占有形象，能相似存留很长一段时间，对过去、对现在、对未来的人能够达到一个共同认知，这个叫做色法，简单说看得见摸得着的物质世界叫色法。传说出家人四大皆空，即酒色财气四大皆空，这完全是误导。佛法讲的四大皆空是指构成我们宇宙万物，包括我们生命以外的，无生命的、有生命的万物共同组成的坚硬的成分、热量的成分、流动的成分、推动的成分。坚硬的叫做地大，流动的叫做水大，热量的叫做火大，推动的叫做风大。实际上在释迦牟尼那个时代，古希腊伊壁鸠鲁学派，中国王充的五行学说派，对于构成我们宇宙万物的本体基本元素的认知，大同小异，印度叫做地、水、火、风，实质是构成生命、构成非生命的四个基本元素；中国五行八卦、金木水火土，也是一样的。那现在医学怎么说？光、热、能，对吧？光就是有热的，再冷的光，你照了一个灯你都会觉得热。光、热、能。

“不住色布施”，我们要布施，不能注意那个假相布施。接下来说“不住声香味触法布施”，声是指什么呢？耳根对应的叫做声，鼻子对应的是什么？香和臭，对不对？味呢？对应的是舌根，舌头感知这个辣还是不辣，是味。触呢？身体。现在我们还不觉得热，过一会儿肯定觉得凉嗖嗖的，或者是热乎乎的，那个叫触。然后还有什么？叫做法，这个法，这里面的法是跟刚才“菩萨于法”的法截然不同，这个法专门指心念的记忆物和想象物。记忆所有过去发生过的那种记忆叫做法，对于将来所有能够想象到的东西叫做法，这个法跟前面的是不一样的。我们经常一读，一带而过，笼统而过，实际上它是不一样的。为什么要布施呢？为什么没说菩萨于法，应该解脱我也要，菩提我也要，极乐我也要，天堂我也要，欢喜我也要，自在我也要，祥和我也要，就是烦恼我不要，有没有这样说？没有，是不是？上来先说菩萨于法，应怎么样？无所住。先是无所住，然后行于布施。

想想看我们现在的痛苦与烦恼是源于心的多还是源于物的多？比如人家买了两套房子，你还是一个三居室的，你因此产生的烦恼是源于心的多，还是源于物的多？人家孩子已经送到美国读书了，你的孩子还在乡下读小学，因此产生的烦恼是源于物的还是源于心的？现在是源于物的更多一点，不是说我们现在如此，佛陀时代也如此。我们的迷失是由心开始先迷的，迷了后，该如何解脱呢？是先解脱心还是先从物上解脱呢？这就是佛法的智慧，是先解脱心还是先解脱附着在心上的物？先去从物上解脱心，所以先施。迷是心先迷的，怎么迷呢？本来这颗心不需要肉体，叫非有想非无想，就是纯心无身的，可是来到人间之后，开始化现出一个身，既然有了这个身了，我们就要满足它的种种要求，比如冬天会怕冷，夏天会怕热，我们为了满足它，于是身成为了物的奴隶、牢笼，对不对？物成了我身的一个大监狱。

“菩萨于法，应无所住，行于布施，所谓不住色布施。”要先从物上舍，很多人没有体会到这一点，佛教的布施，分三个布施，叫财施、法施与无畏施。无畏施是最根本的，让我们能够从生死的苦海中解脱出来，这是最根本的布施。但是谁能够明白这个道理呢？别说被度者不接受，就是度人者他也没有那个能力。我去度人，我还要面临生老病死呢，我怎么能去给别人无畏呢？他自己得先受苦去，然后才能度人，对不对？你说法布施，给别人欢喜的法，让他有智慧不再愚痴，能正见缘起，真如正见无常无我，而不是颠倒的，常乐我净，非常非乐，非我非净。一般人也不容易接受和理解，要舍弃你的心爱之物，正常人心理是很难接受的。因为心是身的奴隶，也是物的奴隶。可是，若真的舍了，一点一点舍弃，慢慢就会感受到，其实没有那些物，也会很欢喜，很自在。

过去有一个笑话，一对老夫妇卖豆腐为生，每天家里都欢声笑语，邻居家隔一墙是地主、地主婆，他们却整天垂头丧气。这个地主婆就说你看人家卖豆腐为生，都每天快快乐乐的，可咱们却垂头丧气的，怨天尤人，怨这怨那的，这怎么回事呢？老地主说别担心，明天我就让他家没有笑声，她说你有什么办法呢？他说你看吧！到半夜，地主把一块金子隔墙丢了过去，而那个磨豆腐的一捡到金子，哇，也不磨豆腐了，也听不到欢声笑语了，拿着这块金子想：咋办呢？告官吧，舍不得；用吧，还不敢。用也不行，不用也不行，连着三天没卖豆腐。然后这边地主和地主婆开心了，你看那边没快乐了吧，所以说人为财死，为物所累，要想超越这些获得真正的欢喜，就必须让自己从中解脱出来。

色、声、香、味、触，刚才已解释过它们的意思，然后意念对法，这个叫法尘，所以六根对六尘，眼耳鼻舌身意对应色声香味触法，大家想想看，我们的烦恼怎么来的？说那个人好脏，是心里上意念上先认为他脏，还是眼睛看到那个人脏才觉得他脏？你如果能够做到看人家从厕所出来没洗手，你也不觉得脏，那就是不住色而布施了。布施的意思是你根本就无所住，看没看到他从厕所出来没洗手，看到了，但是没有第二念“他脏”，你就解脱了，特别简单。

味道香还是臭，你当下对香和臭第一念绝对是知道香和臭，但是第二念你要逃离臭、亲近香，就是烦恼，第一念无善恶、无分别。所以很多人问过，既然是没分别了，怎么还有爱憎呢？第一念没有分别，第二念就有了，有分别就有善恶，大家想想看，我们认为的快乐、清静、解脱，可实际上就我们现在所处的环境而言，我们在这里是讲佛法，那隔壁呢？太平间呢？三十年前这个地方是干吗的呢？也许就是一个乱坟场，也许就是一个垃圾场，这些如果都不去考虑，只看到快乐、清净、解脱，所以一切皆空，当下眼耳鼻舌身意，看到的，感应到的，感知到的色法、声法、香法、味法、触法、法法，即法尘，进就出，进就出。你说能有烦恼吗？比如一个乞丐在垃圾里拨拉拨拉，发现一个面包，也不管它有没有什么红菌、发没发霉，就吃了，咱们觉得一定会中毒，不讲卫生，也许老鼠刚爬过，可乞丐的心里没有把它当成垃圾，也没有把它当成污染物，他只当它是最好的饮食了，就那么简单。一切法唯心所造，所以不住色声香味触法布施。

“菩萨应如是布施，不住于相。”这就是一切的相都不能住，“何以故”呢？“若菩萨不住相布施，其福德不可思量。”又有意思了，你说到底这里是讲智慧还是讲福德，是讲事功，还是讲法理呢？各位想想看。明明说的是什么？不住相布施，其福德不可思量，你说这个福和慧之间能分得开吗？分不开。为什么？

“东方虚空可思量不？”思是想，量是一个物理方法，圆规也好，测量仪也好，去测量时只想用光速、超光速。可现在有超光速的机器吗？有每秒超过三十万公里以上的超光速仪器吗？有没有？有人回答了，心，心念力超过了，但是现在咱们的物理世界还没有一个这样的机器，东方虚空可以思吗？可以量吗？你想不到它的边在哪里，是不是？真的是无法知道它的边际在哪里。

“南西北方四维上下虚空可思量不？”东南西北叫什么？四正。东南、西南、东北、西北叫做四维，这个是八方，然后上、下这叫十方。“菩萨无住相布施，福德亦复如是不可思量。”如果一个菩萨，不住相布施，他的功德、福德会怎么样？“亦复如是不可思量”，全没讲道理，只讲福德。很神奇，这个地方真的很神奇，看看释迦牟尼到底葫芦里卖的什么药？咱们往下看。

“须菩提！菩萨但应如所教住。”不讲道理了，菩萨就应该按照我说的这么做，别去问为什么，问为什么就错，就有烦恼，否则有没有权威的一面，很霸道，是不是？真的不可以商量，道理何在呢？咱们真要想不通，真的觉得很糊涂，先往下看。

请大家跟我合掌

愿消三障诸烦恼

愿得智慧真明了

普愿罪障悉消除

世世常行菩萨道

普愿一切见者闻者听者

远离痛苦之因、痛苦之缘、痛苦之业

普愿一切见者闻者听者

建立解脱之因、解脱之缘、解脱之业

普愿一切见者闻者听者

快乐安详得以解脱

愿一切众生

快乐安详得以解脱

愿一切众生

快乐安详得以解脱

愿一切众生

快乐安详得以解脱

2006 年 10 月，在印度外夏离阿难尊者舍利塔前与当地的儿童同步朝圣之旅

第五品

如理实见分

请大家合掌

南无本师释迦牟尼佛

南无本师释迦牟尼佛

南无本师释迦牟尼佛

无上甚深微妙法

百千万劫难遭遇

我今见闻得受持

愿解如来真实意

"须菩提！于意云何？可以身相见如来不？""不也，世尊！不可以身相得见如来。何以故？如来所说身相，即非身相。"佛告须菩提："凡所有相，皆是虚妄。若见诸相非相，则见如来。"

刚才那个问题抛开一边了，完全不住相布施，不住色声香味触法，上来就怎么样？"于意云何？可以身相见如来不？"身相，可以顾名思义。佛陀有三十二大丈夫相，八十种随行好。咱们看《三国演义》中的刘备，大耳垂肩，手长过膝，这都是三十二相中其中的二相，胸前有一个"卍"字，这个叫吉祥云海，然后眉间有一个白毫，长长的。这些都是三十二丈夫相之一。八十种随行好中，脚底下有一个大的圆轮，佛陀的脚底心有很大的一个像是画出来的圆轮，眉很长，目很深，像大海的颜色，所以三十二大丈夫相，八十种随行好，处处都很祥和，都很圆满。这也就是为什么释迦牟尼的教法在短短的四十九年就能够打败传了三千年的婆罗门教的原因，跟佛陀的个人福报有直接关系，长得太漂亮了，用佛教的专业术语叫庄严。谁看了谁喜欢，老太太看了好，年轻小伙子看了好，小姑娘看了更觉得好，这就是佛陀，他叫满月相。

那佛陀问须菩提了，"可以身相见如来不"？以为长的这样好就是了吗？佛却说"世尊，不可以身相得见如来"。不能拿长的好这样子来见如来。

"如来所说身相，即非身相。"如来说的这个身相，是不是就是如来的身相呢？既是非相，既非身相，境界是不一样的，只有慢慢地体味它里面的含意。

1953年成立中国佛教协会筹备会议，在人民大会堂，毛主席对赵朴初说，“佛说‘赵朴初，即非赵朴初，是名赵朴初’。”旁边的唐生智就回答：“若见赵朴初即不是赵朴初，是名赵朴初。”很有意思。毛主席走到哪里都带着《金刚经》和《坛经》，他经常研读这些，很有意思的。

“佛告须菩提”这话最重要了，“凡所有相，皆是虚妄”，虚妄不等于没相，对不对？也就是有所有相，但是所有的相都是妄相，不是真相。“若见诸相非相，则见如来。”如果看到所有的相只是一个一合相相，第三十二品说，一合相缘起而有，我们所有看得到的，能被我们眼耳鼻舌身意认知到的，都叫做缘起。缘聚则现，缘散则灭，如果看到这个了，那么若见诸相非相，即见如来，什么如来？就是如其本来。我们没有创造一分，没有解决一分，没有改变一分，他什么样子就接受什么样子。

好比洗衣服，这个油垢污染没污染这衣服？你说没污染，但是洗衣粉却卖得那么好。油垢归油垢，领衫归领衫，尘土归尘土，汗渍归汗渍，但是放在一起就不对了。所以说“法不洗尘，水不洗垢”。法不洗尘，佛法并没有去洗你的那个污染，心中的烦恼，是你自己放下来。水不去洗垢，是垢自离。垢本身，各位想想看，瘀泥是好土做的，还是生就是瘀泥啊？它一定是好土，是不是？质本洁来，因缘而染，不一定还洁去，可能会因缘而变成淤泥，但是你让它一点点剔除，恢复本原清静，这就是佛法。

“若见诸相非相，则见如来。”似乎还没有回答问题，是不是？那么再往下看。

请大家跟我合掌
愿消三障诸烦恼
愿得智慧真明了
普愿罪障悉消除

世世常行菩萨道

普愿一切见者闻者听者

远离痛苦之因、痛苦之缘、痛苦之业

普愿一切见者闻者听者

建立解脱之因、解脱之缘、解脱之业

普愿一切见者闻者听者

快乐安详得以解脱

愿一切众生

快乐安详得以解脱

愿一切众生

快乐安详得以解脱

愿一切众生

快乐安详得以解脱

第六品

正信希有分

请大家合掌

南无本师释迦牟尼佛

南无本师释迦牟尼佛

南无本师释迦牟尼佛

无上甚深微妙法

百千万劫难遭遇

我今见闻得受持

愿解如来真实意

须菩提白佛言："世尊！颇有众生，得闻如是言说章句，生实信不？"佛告须菩提："莫作是说。如来灭后，后五百岁，有持戒修福者，于此章句能生信心，以此为实，当知是人不于一佛二佛三四五佛而种善根，已于无量千万佛所种诸善根，闻是章句，乃至一念生净信者，须菩提！如来悉知悉见，是诸众生得如是无量福德。何以故？是诸众生无复我相、人相、众生相、寿者相；无法相，亦无非法相。何以故？是诸众生若心取相，即为著我人众生寿者。若取法相，即著我人众生寿者。何以故？若取非法相，即著我人众生寿者，是故不应取法，不应取非法。以是义故，如来常说：'汝等比丘，知我说法，如筏喻者；法尚应舍，何况非法。'"

说来说去还是没有回答第四品中的那个问题，如何不住色、声、香、味、触、法而行布施，"须菩提白佛言，世尊，颇有众生"，也就是有很多很多具备根性的弟子们、众生们、善男子、善女人们，"得闻如是言说章句"，意思是听你这么说了，"生实信不"，意思是能不能生实信呢？"佛告须菩提：莫作是说。"就是别这样想，别这样说，不是这样子的。"如来灭后"，是等释迦牟尼这个人离开这个世界，"后五百岁"，佛陀离开我们，到现在是五个五百岁，是现在这个时代。五个五百岁是两千五百年，今年是佛历 2552 年，是指从释迦牟尼去世那年开始算的，西历是指耶稣基督诞生那一年算的。

"如来灭后，后五百岁，有持戒修福者"，回到问题上了，刚才说不住色声香味触法布施，怎么样？其福德不可思量超于东方虚空，南西北方四维上下虚空，这是说后五百岁有了持戒，持什么戒？佛法分了五乘教法。五乘教法中第一个叫做人乘教法。人乘教法专门以五戒为基础，不杀生、不偷盗、不邪淫、不妄语、不饮酒。

第一个不杀生。我们不妨来畅所欲言，不杀生在今天有没有现时代的意义？对于民族与民族之间的交往，国家与国家之间的交往，星球与星球之间的交往，如果说全球七十亿人都奉行不杀生戒，把一些军备竞赛的钱全都用来全世界的环保，这些钱够不够？全世界的人奉行不杀，这个世界就没有杀，简单不简单？可奇怪的是，你看天天杀的猪、鸭、牛、羊、狗，天天打的四害蚊子、苍蝇、老鼠、麻雀，有没有绝迹呢？没有。相反，受保护的大熊猫、亚洲虎、非洲象却越来越少，人工繁殖还不行，为什么有的动物越杀越多，有的动物越保护越少，这关乎佛法的一些认知，可能是跟现在科学完全是背道而驰的认知，也就是佛法的认知早就存在两千五百多年了，但是现在科学的认知，还刚刚是阶段性的认知，不是个终极的认知。所以如果每个个体生命都能够放下屠刀，也不一定能立地成佛，但起码会有种心理上的依托。所以佛法是难信易行之法，就这么一条戒，如能坚行，全世界可以消弥战争于无形之中。

第二个不偷盗。佛教的不偷盗界定得非常严，凡是有主物，你让人做丢失想，皆算犯偷盗罪。有主物，顾名思义是有主的嘛，我的、你的、他的，包括是猫狗的都一样。凡是有主物，你让人家产生丢失想，就是犯盗罪，不该得的就不能拿，大家想想看："夜不闭户，路不拾遗"能不能做到？桃源世界可不可以做到？

第三个不邪淫。受法律保护的合理的性关系，就是夫妻关系，如果能做到不去伤害其他的婚姻关系，艾滋病、性病基本上就没有人传染了。

第四个不妄语。中国三个财神中，被供的最受尊敬的财神是武财神。为什么？因为武财神能够坚守信和义这两个字，就是商人要注重这个信用，大家都不说假话了，就都能解决了。

第五个不饮酒。佛陀那个时代还没有麻醉品，麻醉最厉害的就是酒精。如果佛陀出生在今天，相信大麻、鸦片之类的毒品，大概都是最要戒的，比酒还可怕。但佛教不禁烟，禁烟反而不是佛教的戒律。但是后来有人说烟影响人的修行，还编了一个故事，说佛陀临证道前，魔王派魔女来引诱太子，打扮得花枝招展的，希望他放弃修行，能够回到世俗的享乐之中。佛陀跟她说，在我眼里你就是一个装满了大粪的躯体，就因为这一句话，这个很漂亮的魔女，一下子就变成了一个特别丑陋的老太太，愤怒而去。后来佛陀去世了，这个魔女就开始来修理这些修行的人，用她的大便变成烟草。听了这个故事之后，很多修行的人自然就容易戒烟了。佛教后来的一些祖师大德编了很多故事，目的是让人放下一些不好的执著，很有效果，比跟你说“你不要抽烟”要强得多。

这是做人要修行的五条戒律，保证人与人的相处之道，然后修天法，叫十善法，在这五戒之上，把不妄语戒又增加了三条，第一条叫不两舌。一个人当然有一个舌头，但是跟着张三说李四，跟李四又去说张三这就叫两舌。指传播争斗是非，从中娱乐。第二条叫恶口，就是很粗恶的骂人。第三条叫绮语，就是说那种非常低级下流的话，比如黄色笑话。颠倒是非的话叫做妄语。从妄语上又开发了几个戒律，加上不贪、不嗔、不痴，这就是十善法。你看摩西十戒基本上就是十善法，佛教也有。十善法死后是升天，感恩的生命是死后上天堂去。那么这个是我们看得见摸得着的。咱们看看泰国、老挝的和尚们，他们修的是什么法呢？叫四圣谛法，开始是声闻法，所谓声闻就是听到释迦牟尼佛的教法而修行，叫苦、集、灭、道。苦不是痛苦的苦，而是残缺的意思，残缺不圆满叫做苦，那苦的原因是什么呢？叫做集，叫集其为因。我们想要超越这个苦，改造这个残缺让它变得圆满怎么办呢？叫做悟灭修道。道是一个道路方法，灭就是烦恼停下来之后的那个状态，生命照样还存在着，只不过生命处于没有烦恼了那样一个状态，这是声闻乘的教法。

还有缘觉乘，缘觉乘就是十二因缘法，这个就难了。得懂一些心理学，我不知道在座有没有做心理学的，导引人做心灵关爱，做这个特殊人群的辅助、辅教。十二因缘讲的是什么？无明缘行，行缘识，识缘名色。名色就是我们投胎，父亲的精子与母亲的卵子结合那一刹那就开始有了名色。五个礼拜三十五天之后，开始有六入，也就是眼耳鼻舌身意，这个时候去照B超，会看见大脑的形象开始形成了。有一本经叫做《佛说入胎经》，里面详细地记录肉胎在子宫里的长大过程，虽然那时没有这些科学仪器，但却比现在医学解剖还要精细到位。十二缘觉、十二缘起叫因缘观，名色缘六入，有了六入后，这个小生命已有了自身的业力使然，比如有的时候特别馋，想吃某个东西，这种特殊的业力，使四川人即使转生到北京来了，还是喜欢吃麻辣烫，这是现在医学都解释不了的原因，这种感觉在佛法上的解释，叫缘觉。

还有一种菩萨乘，专门修六度法：布施、持戒、忍辱、精进、禅定和般若智慧，所以佛法和教法分了人乘、天乘、声闻乘、缘觉乘和菩萨乘，我们从哪里入手更容易呢？从人上更容易入手是不是？但是恰恰现在佛教的传播不是这样的。看得见摸得着的我们不去抓，学禅的说你赶紧明心见性、成佛做祖；学密的说，你虹化而去吧，留个指甲在这让人供养去；学净土的说，赶紧死后上极乐世界，这个世界多痛苦啊。整个是把你剥离到离开这个世间之外去，离开你现有的生命，去建立一个修行体系。所以现在佛教出了最大的问题就在于此，它忽略了根本，人乘即佛乘，是名真现实。人乘即佛乘，所以要先从看得见摸得着的五戒做起。如果一个佛教徒平时总拿着一个念珠念着阿弥陀佛、阿弥陀佛……一吃饭到素菜馆，去了后让服务员把勺都得洗洗，锅碗都得烫烫，然后服务员一端上来韭菜，便把人骂一顿，刚才那个慈眉善目，阿弥陀佛、阿弥陀佛的形象全在一骂之间毁掉了。念阿弥陀佛没有错，诵经没有错，打坐没错，吃素也没有错，但是那都是辅助，最根本的是把这五戒形之于生命的流程之中，念兹在兹，呼吸之间，儒家尚且讲日三省吾身，那佛家讲得更具体，就是以五戒来持身和口，以五戒来框范我们的身体和语言，心念还做不到控制它、训练它，那么我们先从身和口做起。

“持戒修福者”，修福者该怎么修？修桥、补路、放生、绿化、做义工、布施是不是就是修福的？“于此章句能生信心”，也就是这些持戒修福的人他满足吗？看看佛陀的法眼、天眼、慧眼，早就看出我们现实当中的问题了，虽然大家在积极地行善，但有些做善事的人，却心里污浊还不如那些不做善事的人呢，他们只是沽名钓誉，仅仅满足于做表面功夫。不住相布施，就是不要追求人家知不知道我，人家记不记得我，不再追求了，也就是不住相布施。

“有持戒修福者，于此章句能生信心，以此为实，”佛陀把我们现代人的弊病早就看出来了。“当知是人”，要知道这个人不是一尊佛前，两尊佛前，三、四、五尊佛前种过善根，而是已于无量的千万佛前种过善根。“闻是章句”，听到这样的说法，“乃至一念生净信者”，一念，是多长时间？《僧只律》中记载：刹那者为一念，二十念为一瞬，二十瞬为一弹指，二十弹指为一罗预，二十罗预为一须臾，一日一夜为三十须臾，所以一念为 0.018 秒。一念是极短极短的时间单位。“生净信者，须菩提！如来悉知悉见。”大家想想看，这个悉知悉见，厉害不厉害？为什么佛陀能做到悉知悉见？我们做不到呢？

佛陀如来，是如其本来，他没有固定的形象，是不是？没有固定的方所，也没有固定的空间给他，诸法本来的样子，就是如来，所以这一切都发生在本来的状态，你说这个本来能不认知本来吗？当然认知，所以悉知悉见。这里是高度的理和事的不二。

“是诸众生得如是无量福德。”这样的众生，不满足单纯的狭隘的行善，而是能够从福德走向智慧了，这样的众生，开始无复我相、人相、众生相、寿者相；“无法相，亦无非法相”。那么这类众生一开始有没有相呢？有没有我、人、众生、寿者相呀？有。所以这里说“无复我人”，他不再有了，一开始有，因此佛法的教学非常的人性化，以人为本，也就是你这个人，一开始还打坐坐不住，嫌腿疼，念经嫌累，只有做善事又有名，出点钱，然后还能载歌载舞的，被人家记颂，这当然没有问题，佛陀也欢喜这样的人去行善，但是最后发现这样有为法的行善让自己累，让他人受苦，很辛苦，所以开始不满足，要超越它。

“无复我相、人相、众生相、寿者相”，所以佛法的布施叫做三轮体空。三个轮子，体空，怎么叫三个轮子呢？当我们正在拿一个东西给别人的时候，向内不见有我，向外不见有人，中间不见所给予的东西是什么，三轮体空。我们去做一些善事，要慢慢体会。比如在挤公交车时让了一个座给别人，结果那个人连谢谢都不说，你就会很烦恼，是不是？因为你施舍了，你把你的座位让给别人，叫“座位施”，布施。但同时你却有所求，求不得，便令自己痛苦。

曾经有这样一件事，在英国伦敦有一位国际知名的大企业家，他的朋友到伦敦来看他。这位知名的大企业家却生活很俭朴，每天早餐喝一杯咖啡，吃一个面包，然后再来到一个报刊亭，拿一份报纸。每次他都对卖报的小伙子说声谢谢，而小伙子却置若罔闻，一个月，天天如此。他的老友就觉得很惊讶，他说你是一个老者，是一个有成就的人，他一个小伙子你这样对他，他连个谢谢都不说，你难道不觉得过分吗？这个大企业家说，不是这一个月如此，而是十七年来一向如此，这个小伙子从没有说过一声谢谢。这个老友很不理解，问他你为什么这样？大企业家说我的谢谢源自于我的态度，他做什么跟我是不相关的，我对他充满了感激，因为他给我提供服务了，我是真正在感激他，我不是求他回报的。这就是不住相布施，三轮体空的布施。

那各位想想看，如果我们帮助他人、服务社会的时候，都抱着这样一个心态来布施，我们的心是不是就从善法的这种执取中超越出来了，解脱出来了？因此当我们在做一些善事被人误解的时候，从中解脱出来，很简单，佛法是让你从痛苦和烦恼中解脱出来的，绝对不会让你更添一份痛苦，但是为什么我们还会因为学习佛法、学习佛教而痛苦呢？扪心自问，我们自己有多少问题？动机是否纯净，方法是否正确，选择的老师是否具格，这三个方面。动机跟我自己相关，方法跟这个传承相关，老师是否具格，这三个是我们择法的标准。

是诸众生既然远离了我相、人相、众生相、寿者相，那么也就“无法相，亦无非法相”。法相是什么，认为善恶是对立的？是不是法相？认为生死是轮回，涅槃是超越，是不是法相？既然超越了这些，法相没有，也无非法相，然后我们可以做到怎么样呢？那么世间的事是不是能自了呀？了又未了，何妨以不了了之？佛法全是教的智慧。

“何以故”，为什么这样呢？“是诸众生若心取相”，如果心单独执取了一个外相，有形有相的，有为的则为执著，我、人、众生寿者。这是从我、人、众生纯粹从个体生命的内在精神层面来切入。“若取法相，即著我人众生寿者”，那法相是从外在的事功层面上看的，但是事功离不开内在，内在能离开事功吗？离不开。所以，“若取非法相，即著我人众生寿者”。大家有没有看过《达摩祖师》那个电影？一堆小和尚在打坐，说大家都不许说话，外面的风一吹把蜡烛吹灭了。一个小和尚喊了一句蜡灭了，另一个小和尚说“你说话了”，然后第三个小和尚说“只有我没说”。达摩祖师一看，这一群人不足与道，然后起身而去。你看这就是，你认为取了法相不对，你取了非法相，对不对呢？也不对。你都建在二元认知上，非法相就是法相，你已经对立起来了。“即著我人众生寿者，是故不应取法，不应取非法。”也就是一下子打破了对立，回到本源。

“以是义故，如来常说”，就是因为这样子，如来经常说。“汝等比丘”，你们这些比丘，你们这些弟子们，应该怎么样？“知我说法”，听我本人所讲的法，“如筏喻者”，就好像乘一个筏子过河，“法尚应舍，何况非法”，那么过了河之后，我们应该怎么样？看过《诺曼底登陆》吗？要抢占桥头堡，能背着运输舰去打仗吗？该丢的都得丢掉，所以巴顿将军去抢救 101 空降师的时候，把不必要的辎重都丢掉了。所以佛的讲法更多的时候像以楔除楔。我们在农村常看到木匠干活时不用钉子，对不对？夹在一个缝里出来一个小楔子，要想除这个小楔子，就得再做一个大楔子，把它凿凿，这个缝多大？小的出去了，大的再一刻以楔除楔，最后大楔子小楔子都不留。佛法就是这样子，我们有一个烦恼就有一个对治的方法。当这个烦恼已经止灭消失的时候，这个对治的方法自然也就不需要了。所以念佛是个楔子，参禅是个楔子，持咒语是个楔子，打坐、吃素、放生也都是楔子。所以祖师说：佛说一切法，为除一切心，我无一切心，何需一切法？佛说的一切法就是为了除我们心中的妄想，那我没有一个妄想，我也用不着一切法。

南台守安禅师做过一首诗，说："南台静坐一炉香，终日凝然万虑亡。不是息心除妄想，都缘无事可思量。"在山顶上坐一支香的功夫，古人一支香是一个时辰两个小时。所以古人的定力高一点点，为什么？他眼耳鼻舌身意对应外在的引诱少，不像现代人舍不得吃苦，舍不得忍受痛苦，我们太容易把我们的眼耳鼻舌身意去找它的猎物，眼找它的猎物是什么？色。耳找它的猎物是什么？声。鼻的猎物呢？香。舌的猎物是味，身对的猎物是什么？触。然后我们意念对应的猎物是法尘，就是对过去的回忆，对未来的担忧，以及对眼前正在发生的无可奈何事情的无可奈何。所以人生就是残缺不圆满，残缺不圆满是普遍的共相，所以叫做苦，它不是痛苦的苦。

请大家跟我合掌

愿消三障诸烦恼

愿得智慧真明了

普愿罪障悉消除

世世常行菩萨道

普愿一切见者闻者听者

远离痛苦之因、痛苦之缘、痛苦之业

普愿一切见者闻者听者

建立解脱之因、解脱之缘、解脱之业

普愿一切见者闻者听者

快乐安详得以解脱

愿一切众生

快乐安详得以解脱

愿一切众生

快乐安详得以解脱

愿一切众生

快乐安详得以解脱

第七品

无得无说分

请大家合掌

南无本师释迦牟尼佛

南无本师释迦牟尼佛

南无本师释迦牟尼佛

无上甚深微妙法

百千万劫难遭遇

我今见闻得受持

愿解如来真实意

“须菩提！于意云何？如来得阿耨多罗三藐三菩提耶？如来有所说法耶？”须菩提言：“如我解佛所说义，无有定法名阿耨多罗三藐三菩提，亦无有定法，如来可说。何以故？如来所说法，皆不可取、不可说、非法、非非法。所以者何？一切圣贤，皆以无为法而有差别。”

这一段可以作为整个《心经》的注解，《心经》里面说无智亦无得，这里说无得无说分。须菩提你怎么样想呢？与你的心理是怎么样计较的？如来难道得了阿耨多罗三藐三菩提了，就获得了正等正觉吗？如来有所说吗？说过法吗？须菩提说：按照我个人的理解，无有定法，没有一个实实在在的法，叫做阿耨多罗三藐三菩提，亦没有定法如来可说。那刚才我们说的人乘的五戒法、天乘的十善法，声闻的四谛法、缘觉的十二因缘法，菩萨的六度法，怎么样？全给否定了，全都没有定法，如来可说也没有定法，名无上正等正觉。何以故呢？如来所说法，皆不可取。于是有人断章取义了，如来所说法皆不可取，所以都可以打入冷宫了，很多人就是这样来理解佛经的。如果佛陀在场，我想那个佛陀一定是，不会气死，但会大呼冤枉了。所以依文解意，三世佛冤。照本宣科，断章取义了，三世的佛，过去的佛，现在的佛，以及未来将要来的佛都觉得太冤枉了，佛可不是那意思啊。所以依文解意，皆不可取，不可说。不可取，即不可执取的意思，不可说，在这点上，只有禅宗继承了这个衣钵。“但有言诠都无实意”，没有实实在在的意义，皆是戏论。禅宗这样说。既然没有实在的话，怎么办呢？非法、非非法。非法，你马上觉得一切都可以放了进入空，但是非非法，你又不能进入空，还得安住有，所以空有不二，是非不二，对错不二，黑白不二，美丑不二，老少不二，男女不二，此与彼不二，因与果不二，这些都讲的纯粹空性的法理。

“所以者何？一切圣贤，皆以无为法而有差别。”为什么这样说？看看孔老夫子叫做什么人？是圣还是贤？智圣先师是不是？苏格拉底有句名言：我唯一知道的就是我什么都不知道。憨豆先生说“He knows nothing，he knows everything.”他什么都知道，所以他一无所知。是一样的道理。一切圣贤，皆以无为法而有差别，无为法对应的是什么？是有为法。圣贤们不得已安立一个教法，叫黄叶止啼，就是转移注意力。小孩子哭了没有办法，总不能跟他说，你别哭，你别哭。大家都烦了，他还是哭，只好让他转移注意力。佛法就是这样，叫黄叶止啼。圣贤们没有办法，从无为法中拿出一点众生的认知，能够接受的有为法让大家去做，但是众生把这个作为一个实实在在的东西抓得牢牢不放，痛苦死了，圣贤也痛苦死了，没那样说呀，但是他就偏偏那样做。子非鱼，安知鱼之非乐；周非蝶，安之蝶之非周呢？整个都是颠倒的，所以众生就是这样，一切圣贤皆以无为法而有差别，在佛法观之，在佛眼视之，天下的一切都是平等，因此释迦牟尼所开创的佛法，最核心的特色就是平等。

本身禅宗有一句话：正人用邪法，邪法也是正；邪人用正法，正法亦是邪。华佗给曹操治头风病用的什么招？那是不是正人用邪法，邪法也是正。看过《爱德华医生》吗？那些医生以天使的名义去行杀人之业。邪人用正法，正法亦是邪。所以正和邪在世间的认知下，正邪不两立，在佛法认知没有正自然就没有邪。没有邪，当然也显不出正来，对不对？祸兮福之所倚，福兮祸之所伏。但是福祸无门，为谁自招呀？自己。因为你内心的动机有变化，所以才感应了福祸上门，跟外在没关系。

如果佛法的状态只能像哲学大师那样的人才能用的，那就不是佛法，佛法的平等，大学教授能用，蹬三轮的老头也能用，这才叫佛法，叫平等。

为什么佛法的特色是平等，它的教育根本是平等呢？大家想想看，出生面前皇帝和乞丐的儿子有差别吗？只不过接生环境有差别是不是？出生这件事绝对平等，衰老这件事皇帝和乞丐是平等的，疾病面前是平等的，死亡面前是平等的。

请大家跟我合掌
愿消三障诸烦恼
愿得智慧真明了
普愿罪障悉消除
世世常行菩萨道
普愿一切见者闻者听者
远离痛苦之因、痛苦之缘、痛苦之业
普愿一切见者闻者听者
建立解脱之因、解脱之缘、解脱之业
普愿一切见者闻者听者
快乐安详得以解脱
愿一切众生
快乐安详得以解脱
愿一切众生
快乐安详得以解脱
愿一切众生
快乐安详得以解脱

第八品

依法出生分

请大家合掌

南无本师释迦牟尼佛

南无本师释迦牟尼佛

南无本师释迦牟尼佛

无上甚深微妙法

百千万劫难遭遇

我今见闻得受持

愿解如来真实意

须菩提！于意云何？若人满三千大千世界七宝，以用布施，是人所得福德，宁为多不？须菩提言：甚多，世尊！何以故？是福德，即非福德性。是故如来说福德多。若复有人于此经中受持，乃至四句偈等，为他人说，其福胜彼。何以故？须菩提！一切诸佛及诸佛阿耨多罗三藐三菩提法，皆从此经出。须菩提！所谓佛法者，即非佛法。

须菩提，你又怎么想的呢？如果有人“满三千大千世界七宝，用以布施”。七宝包括：金子、银子、砗磲、赤珠、玻璃、珍珠、玛瑙。这些价值得到全人类所共尊的，所以叫做宝。“三千大千世界”是什么意思呢？一千个日月叫一个小世界，整个银河系才一个日月，是不是？一千个日月这样的银河系叫做一个小世界，那么再这样的乘以一个一千叫做一个中世界，再乘以一个一千成为一个大千世界，三千大千世界也就是无穷尽的意思。那么把这么多的七宝都布施给别人了，须菩提说：真的很多啊，但这样的福德它的本性是不是福德呢？不是的。因为财物七宝并不归你所有，你只是代管而已，各位想想这里的道理。

不属于你所有，所以即非福德性。佛法这里边讲的道理很深奥，但是又很简单，既然我们只是代管，干吗不让大家共用呢？你看，清新的空气，清澈的河流，美丽的草原……没人管理，所以人人共用，对不对？

那我们一旦明白了“是福德，即非福德性”。好！舍出去！大家想想看，一滴水要让它永不干涸，该交给谁？交给大海。大家都知道这个道理，却就是舍不得把自己放进大海里。什么是大海？无量无边的众生就是大海。把我们的身心用于跟无量无边的众生打交道，用我们的慈悲、耐心、智慧去跟他们打交道，那就是大海。所以佛法是积极的、善良的，而不是独善的、消极的。只有这样，我们才能够让一切的众生共容、共享、共在、共吉祥。

“若复有人于此经中受持，乃至四句偈等”，“受”，接受了，“持”，持之不失，能够让它变成为我所有，能够真正地把这个道理融汇于心，乃至四句偈等，“四句偈”不是指诗歌似的说：“若人欲了知，三世一切佛，应观法界性，一切唯心造。”《金刚经》里面也有两个四句偈：“一切有为法，如梦幻泡影，如露亦如电，应做如是观。”另一个：“若以色见我，以音声求我，是人行邪道，不能见如来”，这也叫四句偈，但是这里的四句偈是指完整的，只要是四句放在一起这一句话的意思完整，就叫做四句偈。“受持”，哪怕就少到这么一点点，并且“为他人说”。而第七品中说：“如来所说法，皆不可取、不可说。”似乎佛陀在玩文字游戏，这里却是为他人说。所以要没有点逻辑想象思辨能力，真的会被佛陀给搞晕了。

“为他人说，其福胜彼。”能够为别人说，也就是不但自己能够得到这种法乐了，还能让别人也分享到。“何以故”呢？因为一切诸佛所以能够成为佛，成就无上正等正觉的法，“皆从此经出”，都是从此流出来的，都是从此获得的最高的觉悟。

“须菩提！所谓佛法者，即非佛法。”一切诸佛及诸佛无上正等正觉法皆从此经出，是不是立了一个东西啊？立了。“须菩提，所谓佛法者，即非佛法”。不要把佛法当成一回事，随立随破，随破随立，这样才能达到一种空性。所以这个叫解空第一的须菩提，而不是智慧第一的舍利佛。作为佛的弟子，有了师徒之间共同演说的这样一段戏文。且是空性的、解空第一的。

问：刚才讲的富人与穷人在死亡面前是平等的，但是现在毕竟是物质世界，如果说生了同样的病，富人物质条件很好，他可以有更好的医疗条件，所以能

更快获得身体的改善，但是穷人没有经济条件去支付医药费，他就没有办法去改善身体，他有可能就面临死亡，那你怎么能说这个死亡面前是平等的？

答：死亡本身这件事情是绝对平等的。只不过死的环境会不同，有钱的死在高级太平间，穷人也许就死在家的炕上。活着时，身心不安宁，被各种各样的痛苦逼迫着、压累着，不舒服、不自在，在这个面前是不是平等？绝对平等，对不对？跟喜欢的人分离，跟讨厌的人相聚，就连皇帝也免不了会见到他不喜欢的大臣。所以佛法讲，我们的生命线上有八种残缺充满世间，生、老、病、死，与喜爱的东西分离，与讨厌的东西相聚，然后身心不得安宁，还有一个最根本的，那种求不得、辗转反侧的苦，是更苦的，在这八个人生体验面前人人平等，绝对平等。也许每个个体的病因、病源以及因缘都不相同，但是生病这件事情，让他身心不自在，使他受到逼迫，都是一样的，平等的。因此佛陀发现这个世间的共相绝对存在一个平等，他的熄灭烦恼的方法无论对任何人都平等，只要你愿意，这个方法就管用。这就是佛法的平等教法，能够立教的基础，跟你信不信没关系。只要你愿意运用这个方法，来熄灭自己的烦恼，就能让自己得解脱。

问：孔子在《论语》里面曾经提到过：君子之风是时时刻刻都在的，不只在出入之间，在颠沛的时候、困顿的时候也在。所以我认为所谓的不住那一些东西之布施，应该是一个大住的布施，就是说时时处处皆在的布施。

答：这个不住色布施，实际上我在我的《心如晴空》一书里教给大家的禅修方法就是用的这个方法。所谓的布施一是指财施、二是指法施、三是指无畏施。财施是我们看得见、摸的着的；再说法施，比如你在打坐，生起一个念头，你抓住它，不放，是不是舍不得啊？你现在欢喜的，我不要它，是不是就舍了。你舍掉了妄念是不是清静就来了，你要去体会。色、声、香、味、触、法，是不住法布施。在日常生活的禅修中，如果能真正超越这种种妄念，就不住任何布施，不存在大住与小住。小住，你心里面住一个石子也是病，住一百个石子也是病，对不对？总归你心里有所住，住了任何东西都是住。无所住，既不住大，也不住小，既不住色声香味触法，也不住眼耳鼻舌身意，那就是了。

问：**自然法和佛法是什么关系？“跳出三界外”是不是就没有自然法了？**

答：跳出三界外不在五行中，跳出哪三界呢？欲界、色界和无色界。那跳出三界外跑到哪个界了呢？除了三界还有哪个界？唐代有一个著名的百丈禅师，有一天讲法，座中一个天天跟着听的老头，说：和尚呀。我们这个禅宗管这个“和尚”的意思叫“亲教师”，和尚是亲自教导你的老师，“和尚”两个字的本意就是“亲教师”。那时叫和尚是非常非常尊敬的尊称，但今天却成了一个很低俗的跑江湖的术语了。那个老头说：我不是人，是个狐狸。我五百世前在这里做一个方丈，就在这个地方，有个修行人来问我：一个大修行人还落因果否？我当时的回答是“不落因果”，结果因这一句话五百世前变成了一个狐狸，并且是野狐狸，不能认祖归宗的狐狸。百丈禅师说那你来问我啊，这个狐狸化身的老头说，“那和尚我来问你，大修行人还落因果否？”百丈禅师就给了他四个字，“不昧因果”。愚昧的昧。不昧，就是知、知道，不昧因果。所以佛陀不能转定业，因缘会遇时，果报还自受，佛也不能转定业。意思是他这一生得经过很多痛苦的日子。所以叫“不昧因果”，该付出的要付出。

“心亡罪灭两具空”是说什么意思呢？“心亡罪灭”纯粹是从法性上、空性上来说的，但是在事相上呢？做得到做不到呢？做不到。比如翻译了好多经典的安世高，是伊朗国的王子，安息就是今天的伊朗。他有神通，能听懂鸟说话，他也有宿命通，知道自己的前生。第一次来到中国时，走在路上莫名其妙地被一个年轻人拿起一把刀给砍死了，因为他知道宿命通便不再迷惑了，然后转世又回到安息国，又生为太子，然后又修行，继续又来中国。但他一算他还欠一条命，还在同一个出事地点，洛阳附近，便又跑到那儿去了，那个曾杀他的人一看，当年打死的人二十年之后又是一条好汉来了，而他已经老了，便吓坏了，问太子是鬼还是人，太子说他是人，但已不是原来那个人了，已经又托生一次了。然后那个人说你找我来不是索命的吧？太子说不是索命的，我还欠了中国人一条命，明天我叫你跟我做伴。太子说做伴是什么意思呢，就是告诉世人知道，明天杀我的那个人是我过去无意中杀害过的人，所以这次我来还命，因为我修行已经解脱了，所以来偿还，不希望再纠缠下去了。第二天这个老头陪着安世高，走在大街上，碰到一个卖柴人，卖柴人前边担一捆柴后边担一捆柴，安世高走在卖柴人后边，前面那个捆柴火的绳儿突然断了，一个大木棍往后一倒，正砸在安世高的脑袋上，把他给砸死了。樵夫便被抓起来了，这个时候那个老头给作证了，说是无意死的，大家便明白了，原来是所造业不亡，不昧因果。所以大修行的人还得要遵从因果法则，为什么很多大修行人既没出来建寺，也没出来弘法，是他观察因果，他还没有这个因缘。

问：佛法的核心是平等，为什么是平等而不是诸法皆空，或者涅槃寂静呢？

答：因为诸法皆空所以才体现了平等。西方的哲学里讲到了人生的不平等，比如卢梭的《社会契约论》，本来大家都平等的，可有人在这个平等的地上圈了一个篱笆，对外宣称这块地是我的，然后就有了天赋人权，而他所谓的平等是相对的，而佛法讲平等是因为本来就是平等的，不是因为以神的规定性、创造性和人为的规定性，这个是“法而平等”，和“制约平等”完全是不一样的。很多倡导平等的组织，比如西方一些人权组织，完全建立在一个事情上的层面上，所以现在有一类中国人盲目地认为西方的月亮好，我是很反对的，我们东方文化有很多宝贵精华的东西不去用，却把它打成一缸酱，然后蘸酱吃。是数典忘祖的。

问：第七分的最后一句话："一切贤圣皆以无为法而有差别"，您能再解释一下吗？

答：好。这个话也就是显出了教育的差别性。本来无为法，比如说虚空是无为的，是不是？体性上的平等是不是无为的？因为没有人约定谁高谁低，就是大家平等，这都是叫无为法。但是关于无为法有几个人能了解这个道理呢？圣贤们能了解，普通的凡夫怎么能了解呢？必须要接受教育，这些老师们根据自己所处的时代背景、民族情结、文化情形，然后设立自己的教化，为了方便教育。所以叫此心同、此理同、他方同、此界同。他方指其他的星球也一样，此界都是一样的。东方有圣人焉，西方有圣人焉，都是讲的一个道理，但是因为他必须要"观机斗教"，观察当时适合的根性，来找到一个最佳的办法。比如西方的教化是博爱，为什么？因为人们根性中总难免有心胸狭隘的成分，俄罗斯人最有代表性，他们特别愿意去决斗，是吧。有这样的笑话，说俄罗斯人最容易决斗，为什么都决斗，为一瓶伏特加决斗，为一个美女决斗，为一块貂皮也去决斗，因为心胸狭窄，所以耶稣基督针对这样一个根性来建立这个博爱的教法。那释迦牟尼针对印度婆罗门、刹帝利、首陀罗、吠舍这个四种姓阶级，壁垒森严的严格种性，不能通婚、不能通商、不能共用一口井水、不能同走一条路，到了这种程度，便倡导这个平等的教法，都是针对性的。孔老夫子针对我们中华民族的根性，设立了自己的教育体系，叫圣贤。源初点都是喜马拉雅山顶上，山上流下的水本性都一样的，但是流经的区域不同，就完全变了。

问：我在生活中遇到了种种的不平等，平等不是说说的，它那么容易做到吗？

答：各位说，世间上有没有绝对的平等？法性上绝对、彻底的平等，但是在事相上呢？万万不能平等。社会就是一个高度的分工，密切的合作，森罗万象中，体现了一个庄严，大家所有的高者高、卑者卑、贱者贱、贵者贵完后成就这个世界的庄严。法住法位，世间上常住。王子与贫儿偶尔换一下，上帝也疯狂，偶尔去疯一下，可以吗？世界就乱了，自然法则就被推倒了。所以绝对的平等的相是找不到的。就在你的自身上有没有平等呢？当年韩愈的学生李翱去拜访药山惟俨禅师，堂堂的刺史大人见药山惟俨禅师，禅师坐在这里，不理他，连着三次都不理他，最后这次李翱痛苦地甩袖子就出门了，冒出一句话来："眼见不如耳闻。"这时候药山惟俨禅师轻描淡写地说出一句话："刺史，何得贵耳而贱目乎？"刺史啊，你自己的耳、目就已经不平等了，你能做到平等吗？所以很有意思，佛陀说平等平等，但是佛有几回是自己去种地的？他更多的时间在干嘛？教育别人。

问：**杀生这个现象是不能杜绝的吗？**

答：大家说能做到吗？做不到。只有到三果阿罗汉才能做到，初果阿罗汉、二果阿罗汉还做不到。"佛观一滴水、八万四千虫。"佛生活的时代还没有显微镜能观察，但阿罗汉他证得天眼了，所以看到水里边都是生命，他不喝，就死了。最后佛陀发现这件事，就规定，阿罗汉弟子们在喝水的时候不准用天眼，也就是不准用神通，必须用凡胎肉眼，但是又让他们拿一个滤水囊，用以过滤掉水中的微生物。所以我们出家人都有一个滤水囊，喝水的时候从河里舀了水，滤一下才喝，但是那里面微细的生命呢？其实再想想，挠一下皮肤，就会死掉多少众生？打个喷嚏会死多少众生？

佛经里面讲了一个故事，说有一天鷦鷯国的国王，在皇宫里处理完政事了，然后出来到大街上闲走，发现地旷人稀。大家想想这个鷦鷯国的国王生活在哪里呢？知道吗？在人的一个眉毛里，他就是国王。聊斋里边也有类似的故事。所以不杀生在我们这个凡夫阶段是做不到的，在初果阿罗汉、二果阿罗汉也都勉强做。佛教的不杀生有一个根本的定义，它不是盲目的禁杀，它有界定，不故意断除别人的生命，专门指人，不故断人命。

杀又分四类：第一，杀的动机很重、杀的对象很重。比如说谋财害命，潘金莲跟西门庆搞死武大，这就叫做杀的动机很重，杀的对象是人，很重。

第二，杀的动机很重，杀的对象很轻。你已经被那个老鼠折腾得实在忍无可忍了，受不了，买老鼠药，去杀了。

第三，杀的动机很轻，杀的对象很重。正当防卫，防卫过度，这个就是你没有杀他的心，但是却被你杀死了。这样的故事很多。还有医生在手术台上，本来是开颅手术、开胸手术的，但突然那时候停电了，这个时候叫过失杀人，有判他死刑的吗？没有。不但是佛法不判他死刑，世间的法律也不判他死刑，因为他并不是故意杀人。

第四，杀的动机很轻，就是心里很轻，杀的对象也很轻。你开车，在海边上被蛾子、燕子低飞着撞上来，你是想杀它吗？不是。你走路有蚂蚁，农夫要耕田，就这样子。

杀包括杀因、杀缘、杀法、杀业。杀因就是动机，杀缘具体要有一个条件成熟，杀的具体方法最后一定是断除对方的命，命根已断，叫杀法成就。你蓄谋已久了，在这里无所作为，绳子准备好了，刀子也准备好了，但是你没拽响那个地雷，人家还是走过去，平安过去了，尽管杀因、杀法、杀缘三个都有，但是杀业不成就，不犯杀戒。所以一定要学习这些戒律，它是很严格的界定。那么佛又在一些重要的了意根本经典上说，当政法、国土遭到侵略的时候，在家信徒舍弃不杀生戒，不要再奉行不杀生戒，拿起武器保卫祖国。这就是佛法，它不是机械的，不是狭隘的，它是非常非常圆融的。

问：凡所有相皆是虚妄，那寺院的佛像又是什么相呢？是虚妄的心求虚妄的相吗？

答：这个问题问得好。我在很多地方讲，世间上第一尊佛像诞生在什么时候呢？佛陀去世后五百年，希腊的艺术家在迦湿弥罗雕了一尊佛像。佛陀本来是光头，可为什么雕出来的佛像都有一个个的缵儿呢？你想那是真的佛像吗？不是的。所以“佛像出，佛法衰”。就是这样。在纯净的佛法里边，大家为了感念佛陀的恩德，第一是弄一块石头，在上边刻一双轮子，搁在这儿证明大家按照佛陀的足迹继续走在这条解脱之道上。第二，一个轮子，法轮，推动之意，佛法一定要推动它，不能让它死在那儿，推动之意。第三，种一棵菩提树，感念这棵树曾经给觉者提供一个阴凉的座位，遮雨遮阳。第四，佛陀火化后的舍利，建一个小塔，只有这四个东西。现在我们到印度去，到斯里兰卡去，到原始佛教传播区去，发现还是这样子，没有所谓的什么佛像。那现在我们汉传佛教、藏传佛教的佛像越来越多，是不是？“不看僧面看佛面”，“佛面犹如净满月”，“一如圆月放光明”，编了很多美好的词，但是已经失去了那个本来的意思。

唐代有一个著名的禅师，叫丹霞天然禅师。悟道之后，离开他的老师马祖到处参学，到了一个地藏院。因为天冷，他就拿了一尊木佛当柴烧了。这时方丈和尚来了：嘿，你这个臭和尚撒野来了！你猜丹霞禅师说什么？他说我在这儿烧舍利呢。方丈和尚说木佛哪来的舍利呀？丹霞禅师马上又说，既然木佛没舍利，再拿一尊让我烤暖。这就是禅师的作用。

因此我们现在大搞这个佛像的庄严，建的佛像唯恐不大，贴的金唯恐不厚。这个是佛像出，佛法衰。所以在人的内心建立纯净的佛法应该是我们的责任，而不是盲目地建大佛、建大庙。但是很悲哀的是，你没有这样一个大佛大庙的传播区域，你又没办法传播纯净的佛法，两难，我这些年的感觉，真的是两难，我想去推广纯净的佛法，我只想在人心里建一座神圣的殿堂，这个殿堂只有智慧和慈悲，没有别的，但是真的难得不得了。方方面面的压力。似乎总是在拿出大量的生命和时间、精力去做那些很无意义的事，可是没有这些没有意义的载体却又做不了这种纯净的事情。

问：**因果不昧和不昧因果是同一个意思吗？**

答：如果说从这个作用和操作方法上，因果不昧，是一个法理、是个道理；不昧因果是个选择、作为。一个是理一个是事。

问：**空心静坐是默照禅吗？**

答：空心静坐也不一定是默照禅。宋代的宏智正觉禅师提倡默照禅，是跟大慧宗杲禅师倡导的话头禅对应而来的。空心静坐，谁在坐？如果你在这儿打坐是为了修定，既然坐时才有定，不坐就没定，那么这个定就不是真定，有出入，对不对？所以遭到了马祖道一、青原行思、南岳怀让、六祖这些大师的痛斥。“若觅真不动，动上有不动”。这是六祖所说的话，所以默照禅是一个具体的方法，以曹洞宗的修行方法为主。

问：**关于业力与因缘岂不是都是偶然？业力与春夏秋冬、潮起潮落等自然规律一样，只是自然而然发生的？**

答：我推荐你看《楞严经》，非因非缘非自然，但是不离因缘自然。好好看看《楞严经》第六品，这个问题在那里边回答得非常透彻，佛教的科学观、佛教的世界观、佛教的宇宙观在那里边都有解释。

问：**如果我意识到我痛苦了，那我是不是应该放下？**

答：对呀，你已经认识到痛苦了，你已经不想过痛苦的日子了，还不放下，不是挺傻的吗？痛苦与快乐是平等的，遵从一个法则，什么法则？是你心感知的痛苦与快乐，对不对？既然你的心感知的痛苦与快乐，你想想看，痛苦与快乐天天有，那你到底把握哪一个呢？是把握你那个能认知的心，让它平静、平常、平等。

问：**想吃鸡肉、鱼肉，于是去杀鱼和鸡，是否造杀业？**

答：对的，造杀业。所以佛教徒讲究吃“三净肉”。什么叫做“三净肉”呢？第一，眼不见杀，你没有亲自看到人家杀；第二，耳不闻杀，没有听到被杀的牛的哭叫声音，没有听到狗被杀的声音；第三，不为己所杀，不专门为你杀。这叫三净肉，可以吃。

问：现在做流产的女孩特别多，是否造杀业？

答：是的。因为从这个十二因缘观来讲，“名色缘六入”，精卵结合三十五天之后一个小生命就成型了，已经是在造杀业了。

问：定业不可转和宿命论有什么区别吗？我们读过《了凡四训》知道修行可以改命的，那到底是哪些业可以改哪些业不能改，定业和一般业的区别在哪？

答：所谓定业不可转，只占四分之一，还有四分之三可以转。“时定报也定”，时间定了，报应也定了。比如说你现在种了一颗西瓜种子，或者种了吉利的种子，然后按照自然法则，时间、正常的灌溉、正常的施肥、正常的阳光照射、没有大风、没有大火烧，不用撒石灰，正常开花结果的时间定不定？（大众：定的。）

这就叫报必定，时间呢？也定，这个基本上不可转，这是说时定报也定，不可转。“报定时不定”是什么样的？你用液化气罐烧一壶开水，烧到80度的时候，液化气烧完了，你又用电磁炉再烧，烧到90度的时候，电又停了，最后只好去拿木柴烧，三天后烧一壶开水，水必然要开，对不对？但是因为时间不定，这可以转。时候不定报也不定的，比如说你今天骂了一个人，到底什么时候他才来报应你呢？时间不定，报应不定，也许这一生、也许下一生、也许无穷尽生，这叫“时不定报也不定”，这也可以转。然后还有“时定报不定”，时间是定的，报是不一定的。有没有这样的例子？（大众：考试。）

考试，对的。两个小时，就答高考的问卷，必须交，但是报不定的。这个太多例子了。时定报不定，时报具不定，报定时不定，这三个都可以改缘，但不能改种子，这个叫什么？“报”，你种的是西瓜种子，可你念经、念咒要变成芝麻，它能变成芝麻吗？西瓜就是西瓜，对不对？念什么经、念什么咒也不会灵。但是现在有痴迷的佛教徒，就在做这样的事，自己不去积累自己的健康之因、福报之因、智慧之因，就在那儿盲目地念叨，佛陀呀让我健康吧！佛陀呀让我快乐吧！佛陀呀让我有智慧吧！佛陀呀快让我找个男朋友、女朋友吧！自己不去努力改变自己，却一味地盲求，把好端端的佛快打造成一个贪官污吏了。善恶不分、是非不辨，这就是现在佛像的作为。恶人来这烧了香，保佑他杀人放火顺畅；投机倒把、偷税漏税的人来烧香，保佑他偷得更多，漏的税更多。佛陀是不是变成一个是非不分的人了呢？是谁把佛、佛像给变成这样的呢？是我们自身。所以真正的佛法是关乎生命的、心性的、心灵的，但是心灵不能离开这个肉体、语言的载体，也就是关于身口意的。因此如果给佛法做一个准确的定义和定位，佛法就是关乎我们生命的艺术，这个艺术人人都应该去学，而不是佛教徒、和尚、居士才去学，人人都应该学习这门“生命的艺术”。

问：我们目前现实生活中所追求的真善美，比如绘画，大家都喜欢看特别漂亮的，音乐也是愿意听悦耳的，这跟佛法讲的“色即是空，空即是色”是不是有违背？或者说是不是有矛盾的地方？我们现实生活中对这些追求对不对？佛法给大家心灵的一种解脱或者超脱，跟阿Q精神有什么异同？

答：“五色令人眼盲，五音令人耳聋，五味令人口爽，驰骋畋猎，令人心发狂。”咱们觉得它好是吗？一个在深山老林里，困冷交加的人，看看这里哪个好点火？衣服舍不得是不是？只有这些画最容易点火。所以对一个在深山老林里渴望取暖的人来说，这些画是最好的引火纸。在打倒“封资修”那些个红卫兵的眼里这些画是什么？是四旧。但是在梵高眼里呢？这些是什么？是宝贝。对某一些人实用，而对更多的人只不过是一个不相关的摆设。所以本性皆空，色不异空、空不异色，色即是空、空即是色。具备一切可能性就是它的空性。因此佛法的大积极，大的创造性是在空性中体现出来的。

阿Q精神和佛法的追求超越对立，在行为上有点接近，但导向的目的有天壤之别。阿Q导向的是愚痴更愚痴，但是佛法导向的是光明更光明、智慧更智慧、解脱更解脱，本质上的差异，就是终极导向不同了。猫在老鼠洞门口专注的等待是定，但是导致的是什么？杀生。丐帮训练小孩子在滚沸的油锅里抓鸡蛋，抓出来、不烫伤，也是高度的定，导致了什么？偷盗。所以定、戒都有跟世间共的，但唯有智慧，缘起性空的智慧是佛法跟所有其他宗教、跟世间科学哲学截然不共的地方，那就是它导向的是智慧和解脱，解脱是智慧的结果，智慧是解脱的方法。

问：我们在生活之中怎样做到当下的清凉？

答：当下坐下来，色不异空，空不异色，色即是空，空即是色。因为所有占有体积、占有空间、占有时间的境界，就是色，对不对？色不亦空，它就是空的。那怎么来观让它空呢？缘起。那个人让我不开心，那他怎么让我不开心了呢？因为他在领导面前打了我一个小报告，然后呢？我在领导面前开始失宠，我该得到的物质待遇没得到，该得到精神享受也没有，我开始不开心。你看有一个实实在在的他，有一个第三者，有一个方法，还有一个我。但自无求于万物，你不求领导赏识你，但是你又敦伦尽分，尽职尽责，该做的都去做，你也不希望同事说你好话，你也就无欲则刚，是吧？自然的观法如化，一切都是缘。就像刚才我们讲过，衣领归衣领，洗衣粉归洗衣粉，水归水，这个汗归汗，尘土归尘土，那还有染污这个现象出现吗？当下观空，这就是正法的力量。所以我教大家，更多的不要用转移法，念佛、念咒、念经都是转移法，也不实用。当下归空，仅仅因为我们在这个时空下因为某些资源、某些东西不能达到共识、共享，所以才产生了烦恼，那一旦错开了，就不存在这些烦恼了。所以佛法就这么直接有效。转移法是很累已久了，念了已经十万声阿弥陀佛了，怎么我的脑门也没亮一点点？白头发也没减少一点点？你就开始有怨，怨恨的怨。我香也烧了，头也磕了，该病还是病，该死还得死，全都是怨。所以无所求，平常心是道，慢慢地以正法的力量、正观的智慧来洞见诸法的因缘生、诸法的因缘灭。因、缘，有动机、有条件，有种子、有土壤、有光，有人，然后才有开花结果。如果只有种子，把种子放在岩石上，它能长什么呢？就是那么简单。

请大家跟我合掌

愿消三障诸烦恼

愿得智慧真明了

普愿罪障悉消除

世世常行菩萨道

普愿一切见者闻者听者

远离痛苦之因、痛苦之缘、痛苦之业

普愿一切见者闻者听者

建立解脱之因、解脱之缘、解脱之业

普愿一切见者闻者听者

快乐安详得以解脱

愿一切众生

快乐安详得以解脱

愿一切众生

快乐安详得以解脱

愿一切众生

快乐安详得以解脱

2007年10月，“圣泉之旅·朝阳之道”秋令营现场

第九品

一相无相分

请大家合掌

南无本师释迦牟尼佛

南无本师释迦牟尼佛

南无本师释迦牟尼佛

无上甚深微妙法

百千万劫难遭遇

我今见闻得受持

愿解如来真实意

“须菩提！于意云何？须陀洹能作是念：‘我得须陀洹果’不？”须菩提言：“不也，世尊！何以故？须陀洹名为入流，而无所入，不入色声香味触法，是名须陀洹。”“须菩提！于意云何？斯陀含能作是念：‘我得斯陀含果’不？”须菩提言：“不也，世尊！何以故？斯陀含名一往来，而实无往来，是名斯陀含。”“须菩提！于意云何？阿那含能作是念：‘我得阿那含果’不？”须菩提言：“不也，世尊！何以故？阿那含名为不来，而实无不来，是名阿那含。”“须菩提！于意云何？阿罗汉能作是念，‘我得阿罗汉道’不？”须菩提言：“不也，世尊！何以故？实无有法名阿罗汉。世尊！若阿罗汉作是念：‘我得阿罗汉道’，即为著我人众生寿者。世尊！佛说我得无诤三昧，人中最为第一，是第一离欲阿罗汉。世尊！我不作是念：‘我是离欲阿罗汉’。世尊！我若作是念：‘我得阿罗汉道’，世尊则不说须菩提是乐阿兰那行者！以须菩提实无所行，而名须菩提是乐阿兰那行。

“一相无相”，这跟我们说“实相无相”，境界有些差异。须菩提你怎么样想呢？须陀洹，我们前面已经讲到，佛教的五乘教法，第三个就是声闻乘，声闻乘依照苦、集、灭、道四圣谛法修行，然后出离了生死轮回的烦恼，有四个果位，初果阿罗汉就叫须陀洹，二果阿罗汉叫斯陀含，三果阿罗汉叫阿那含，四果阿罗汉就叫做阿罗汉。阿罗汉的意思是杀贼、应供、无生三个意思，所以它不翻译成汉语。这里说的杀贼是指烦恼贼，是我们每个个体生命内心的烦恼之贼。

应供就是普通的世间的凡夫众生，因为缺少关于生命实相的智慧，所以就沉迷在生命的链锁之中，不能自拔，被各种各样的欲望所捆绑，被各种各样的痛苦所压迫，被各种各样的烦恼所桎梏，这样的一种状态。

那么怎样才能出离这个状态呢？要靠圣贤、靠老师。所以阿罗汉就成为这些普通凡夫的老师。老师并不是生活在虚空中，而是生活在世间。所以在世间就得遵从世间的法则，要吃、要睡、要行走。因为他已把他的身心都献给了这种教育事业，所以应该由这些众生来供养他日常生活起居所需用的东西。

因此佛教规定比丘、阿罗汉可以接受信徒们的四事供养，第一个叫饮食供养。人的饮食从形态上分固体的饮食、液体的饮食和气体的饮食。即粮食、水和空气。从特性上分，饮食分四类，第一个叫做段食。段是指分阶段的饮食。第二个是触食。然后第三个叫思食。高尔基曾说过书籍就是人类的精神食粮。你看很多忧郁症患者一天不吃，妄想狂的患者一天不喝，蹲在那里面把自己当个小蘑菇，蹲一天也没问题，因为他们的思达到了很专一的状态。最根本的第四个叫识食，这个认识的识，完全靠禅定而食。

前两年尼泊尔有一个新闻，一个十六岁小孩在加德满都的一棵大榕树下坐了六个月，不起于坐。说他是当代佛陀。后来被发现这只是一个炒作。但是我的师公虚云老和尚，当年八国联军入京时，随着慈禧太后光绪皇帝到了西安之后，不愿意整天和王公贵人在一起，虽然这王宫贵人有钱，能帮助建个寺庙，但达官贵人的颐指气使让老和尚开始不耐烦了，于是跑到终南山去闭关。他原来的法号叫德清，到了终南山把名字改了，叫虚云，虚空中的云彩，让大家找不到。他和另几个人一起在这里闭关，每个人盖一个茅棚，种了三百六十五颗土豆，一天的饮食就是一颗土豆。把它煮熟了一吃，随着打坐禅定的深入，饮食睡眠都会越来越少。有一天他把土豆煮上了，就打坐去了。这一打坐不知道过了多久，直到冬天下了大雪，其他几个人说：完了，这一个冬天德清师兄肯定是给饿死了，没被饿死也被虎狼吃了。到了来年开春雪化时，他们走上去看他，他住的山上比下面要冷，雪还没化，一看老虎和狮子正围着他的茅棚转圈呢。推门一看，老和尚还在打坐呢。我们都知道，让修定的人出定，不能推，一推可能就把他推死了，也不能喊，一喊就可能会受到惊吓，发狂了。如果有那个金属的引罄，就敲一下，或拿小木鱼敲一下，声音要很柔和。如果这些都没有就在他耳边弹指，这一弹指老和尚就出定了。啊？你们来了，我的土豆煮好了，咱们赶紧吃一个。他下地掀开锅盖，土豆早长毛了，他不知道他入定多久了！所以就是禅定为食，完全是识食。外呼吸会停下，内呼吸、腹式呼吸也会停下来，最后只在心窝有一点点热量，所以禅定功夫深，这是识食。

阿罗汉的饮食来自于老百姓，来自于普通的众生，但是他的智慧来自于向佛陀修学，所以这是一个社会的分工。那么佛教僧团又叫做福田僧，福田僧就是让普通的众生给这些修行人供养衣服、饮食、汤药和卧具。以四事供养这些修道出家的人。

"须陀洹能作是念：'我得须陀洹果'不？"初果阿罗汉叫做"入流果"，名为入流而无所入。入什么流呀？入上九流、下九流还是中九流？不在三教九流之中，俗话说一流佛祖，二流仙，三流皇帝，四流官。上九流的第一流是佛祖，所以须陀洹叫入圣者之流，叫做入流果。入圣者之流而无所入，不入色声香味触法，是名入流果。

清朝时候有一位临济宗的禅师，叫做密云圆悟禅师，他生活在杭州这一代，密云圆悟和汉月法藏这两师徒之间的辩论引起了雍正皇帝的参与，雍正皇帝特意做了《拣魔辨异录》，然后以皇家的威力把汉月法藏这一系从禅宗中铲除出去，然后把它的书、经版都烧掉了。密云圆悟禅师有一个很了不起的说法，有人问他儒家的经典，《大学》《四书》《五经》的道理，他的回答是："圣人若知，即是凡夫，凡夫若知，即是圣人。"我们来跟这段对比，圣人若知道自己是圣人，他是什么？他还认为自己挺潇洒，解脱，即是凡夫。而凡夫若知道自己的不足，知道自己的缺陷，然后改正它，即是圣人，所以这样就是无所住，无所求，这个状态，是名入流。

“斯陀含名一往来”，什么叫做“一往来，而实无往来”呢？依据生死，入流果后要在人间中死生七次，才能最终证得阿罗汉。也就是证得了初果的，得了法眼净的修行人还得再做七次人。然后到二果呢？叫做一来果，一来果他这一期死后去哪呢？有的直接转生为人，有的死后直接上天。去的多是到第四层天，就是弥勒菩萨那个内院，兜率陀天，也就是弥勒菩萨的第四层天。它分内院与外院，外院就像我们的窗外，车水马龙；内院就是我们安心地了解自己心的实相。然后他观察因缘，因为他有天眼通，他会观察因缘，知道什么时候投胎做人，然后选择一个好的出生环境，家人不会干预他出家修道，这样叫做一来果。

“而实无往来”，大家想想这是真的假的？听起来像天书。须菩提你怎么想呢？那么阿那含能不能作是念，认为自己得到阿那含果位呢？须菩提说，也不能。世尊，为什么这样说呢？“阿那含名为不来”，第三果阿罗汉也就不来了，也就是不来人间，但是他在哪住呀？在天上。依据佛法，天分二十八层，首先是欲界六层天，然后是色界十八层天，无色界四层天，这就叫做跳出三界外。欲界六层天，第一层叫做四天王天，我们去汉传的寺庙里，一进山门就是四大天王：南方的托塔李天王，西方广目天王、北方多闻天王、东方持国天王。四天王天在哪里住呢？依据佛教的宇宙观，倚须弥山的山顶而住。

第二层天叫做忉利天，传说中玉皇大帝的所居天。忉利天本身东西南北各有八个天，中间的天宫叫做善法堂，门口有个因陀罗网。和现在的因特网有些巧合。因陀罗网上光光互射，上面挂着无穷尽的宝珠，这个宝珠的颜色就是天空的颜色，是蓝色。这些宝珠的颜色反映的是我们世间的颜色。佛教的科学观、宇宙观很有意思。

第五层天叫化乐天，第六层天叫做他化自在天，什么叫他化自在天呢？就是魔王所居的天，他什么都不干，但是他需要什么便会从别人那里把它化来，有点像隔空取物。但是他的神通本领远不止这些。那这六层天叫欲界六层天，它有生老病死，也有婚丧嫁娶，也有寿量。

天人要死时会有“五衰相现”：第一，天人头上的花冠会枯萎，好像秋天被霜打过了一样，不再那么鲜艳了；第二，他腋窝下出臭汗，平时没有这种气味；第三，临死时大家都会讨厌他，不理他；第四，他不乐本座，他坐不住了，总是心里发慌；第五，他内心很烦恼、担忧、牵挂，死了上哪去呀？依据宗教、一神教的说法，进了天堂就永为天堂，但依据佛法天堂则只是一个临时中转站，就像新兵收容站而已。不合格是要退回去的。阿修罗、地狱、饿鬼、畜牲、人、天转来转去，这就叫做六道轮回。

关于因果、关于六道、关于轮回是否存在？很多人学佛，都把这些问题当成一个根本性的问题，自己想不明白又没有看到，人家说了，也不能相信，所以就妨碍了自己去更深入地了解佛法。就像吃一餐饭，有八菜一汤，其中三个菜是我所不喜欢的，那大家不妨不吃它。但是现代人的通病是，这一桌菜有一个菜不喜欢，就都不要了。现在人的认知被狭隘的眼、耳、鼻、舌、身、意的局限性给框住了，本来我们是有无穷尽的可能性的，因此无量无边的宇宙，无量无边的生命现象我们都认知不到，这就叫做“所知障”，所知道的障碍物。所以是不是有六道，是不是有因果？回头再论。就像那八个菜里面的三个，咱们先不吃这三个，好不好？

阿罗汉能作是念，我认为自己得阿罗汉道了吗？须菩提言说：不也，世尊！何以故？没有一个实实在在的法叫做阿罗汉。世尊，如果阿罗汉这样认为说他已经得到阿罗汉道，怎么样呢？他内心里已经有了我、人、众生、寿者这四相。

阿罗汉还有另外一个名称叫做“无生”。没有生，大家想那不是生命也没了吗？如果在这个人间大家都证了阿罗汉，世间不是就没人了吗？对不对？大家会有这个问题吧？一定会，这是必然的。这个“无生”指的是不生烦恼，他不再生任何烦恼，所以所有证得阿罗汉的要离开这个人间的时候，都跟同修们、跟老师说共同的话：“所做已办”，该做的已经办理完了；“梵行已立”，清静地解脱这些行动、行为，我都已经做好了；“不受后有”，也就不再受后来生命束缚和轮回推动；“长揖世间”，从此我跟这个轮回的三界拜拜了。所以阿罗汉又叫做“无生”。如果一个阿罗汉还认为他得了阿罗汉道，那么他心里面是有我、人、众生、寿者四相的。

“佛说我得无诤三昧，人中最为第一，是第一离欲阿罗汉。”无诤三昧，“诤”字如果没有言字边，争斗就是战争，那有言字边的是什么？三昧叫做正受，三是正的意思，昧是昧耶的简化，昧耶叫做受，正受。我们这个世间，释迦牟尼佛，释迦翻译成汉语叫能仁，牟尼翻译成汉语叫寂寞，能仁寂寞。能仁就是因为我们这个世间大家都很凶恶，所以他用他仁慈的教法作为名号；牟尼是寂寞的意思，寂寞什么？因为我们这个世间总是争论、争斗。我们所有发生的战争都是因为什么？见，见解的见，看见的见，因为见上有了问题，大家才争来争去。所以我们这个世界又叫做斗争坚固的世界，很难去解决这个问题，没有办法，谁都不可一世。所以说“无诤三昧”，这个人已经达到无诤三昧，自然就不再有人与我对立，也就无需要去争。“人中最为第一，是第一离欲阿罗汉。”

那么佛又叫两足尊。美国的一本佛教大字典中，解释两足尊是两个脚长得特别圆满漂亮的人。那么佛教的两足尊是什么意思呢？就是福德和智慧两个都圆满了，叫两足尊。法叫什么？叫“离欲尊”，你看“第一离欲阿罗汉”，所以佛法是灭诤之法，佛法是无诤之法，佛法也是清静无为之法。那僧叫什么？叫“众中尊”。释迦牟尼本身是迦毗罗卫城国的王子。他的武功、知识、技能、道德、学问可以说都是无上的，因此他一出家就证道成佛陀，同时也受到帝王们的尊崇。当时印度的诸侯国王中，以十六个大国王为代表，都是释迦牟尼的徒弟、学生。因此这样的一个身份，佛陀把佛法、佛教就一起交托这些国王，来保护佛教。因此在印度那个时代，一个出家的比丘，他一旦受了戒，不拜国王、不敬鬼神、不拜父母。但是这些三不拜，来到中国却跟中华文化背道而驰，不拜王侯，“溥天之下，莫非王土；率土之滨，莫非王臣”。天下都是皇家的，你能不拜吗？必须得拜。后来经过斗争、磨合，慢慢的，隋炀帝、唐太宗、唐玄宗这些皇帝都开始规定僧人可以上朝不拜。中国的佛教把一些民俗，融扩在佛教里面，才有中元节的超度饿鬼的法会，才有各种各样的超度死人的法会，跟传统的佛教基本上不太相关，完全是来自于中国的民俗。

出家人不拜父母，有没有人做到呢？实际上受了比丘戒之后是不拜父母的，原因何在呢？这里说了僧人叫“众中尊”，以他的道德和智慧足以为帝王之师，那么这样一个老师，如果他要给别人拜，会让那个人的福报损折太多的，所以我们拜菩萨没问题，相反让菩萨拜我们，就会让我们少几年的寿命。很多人不知道这个道理何在，有德者拜我们，我们会觉得内心有愧，相反我们无德，我们无智，拜这些老师是不是理所当然呀？所以僧人叫“众中尊”。这个道理一点都不迷信，也没有强权。佛陀非常非常的慈悲，为每个人都想到了，但是我们还是不容易接受，在晋朝时也有《沙门不敬王者论》，由和尚们来撰述。但是儒家说：“身体发肤受之父母”，“不孝有三，无后为大”，“父母在，不远游，游必有方”等等。剔除须发、剔除胡须这就是不孝，又不结婚，独身又是不孝，那时候的攻击真的是抓到核心和骨子里去了，很厉害。现在最多会说：这些和尚不劳而获、迷信、混不下去了，最多就这三句。很少有人从哲学上、从法理上、从智慧层面上去批评佛教。

“世尊！我不作是念：‘我是离欲阿罗汉’。世尊则不说须菩提是乐阿兰那行者！”世尊我没有这样想，我已经是离欲阿罗汉了，如果说我要认为我得阿罗汉道，那么世尊您不会说须菩提是很欢喜、很愿意行阿兰那行。阿兰那叫寂静，我们的寺庙实际上就叫做阿兰若，这个“那”也有时候写成“若”，若来若去，若即若离的若。阿兰若叫寂静处，寂静处就是僧人的住处。那么乐于在这个寂静处来做行者的人中，武松是不是一个行者？猪八戒是不是一个行者？孙悟空是不是个行者？行者悟空、行者八戒、行者悟净。林冲不是，但武松是，那鲁智深已经是和尚了。

那么须菩提他为什么叫做解空第一呢？有一次佛陀到忉利天给他的母亲说

法，因为佛陀出生七天时他的妈妈就去世了，他的姨母把他带大。等到佛陀成佛了，他非常想念妈妈，然后就到天上给母亲说法三个月。三个月一回来，人间的弟子们就迎接。其中有一个莲花色比丘尼是女众里面的神通第一，她第一个跑到佛陀那里，跟他说：世尊，我可是第一个来迎接你了，你应该奖励奖励我。结果你猜世尊怎么说？错，这个须菩提才是第一个迎接我的人。哎，不对呀？我明明是第一个跑到你跟前来，给你顶礼了，接了你的钵，怎么是他呢？佛陀说：见缘起即见法，见法即见佛。见到缘起就见到了法，见到了法就见到了佛。我这个色身，在这个世间，就像一个车一样，跑久了也会衰朽。有生必有灭，这个自然法则，我这个色身也无法去避免的。但是缘起是放在哪里都存在的，因此你们应该是见缘起、见法，而不是见这个。相反须菩提在山洞中宴坐，思维缘起的法意，见到了缘起性空的道理，所以他才是第一个见佛的。弘一法师临走的时候说："君子之交，其淡如水。执象而求，咫尺千里。问余何适？廓尔亡言。花枝春满，天心月圆。"也是这个道理。"以须菩提实无所行"，他什么都没做，"而名须菩提是乐阿兰那行"。

请大家跟我合掌

愿消三障诸烦恼

愿得智慧真明了

普愿罪障悉消除

世世常行菩萨道

普愿一切见者闻者听者

远离痛苦之因、痛苦之缘、痛苦之业

普愿一切见者闻者听者

建立解脱之因、解脱之缘、解脱之业

普愿一切见者闻者听者

快乐安详得以解脱

愿一切众生

快乐安详得以解脱

愿一切众生

快乐安详得以解脱

愿一切众生

快乐安详得以解脱

第十品

庄严净土分

请大家合掌

南无本师释迦牟尼佛

南无本师释迦牟尼佛

南无本师释迦牟尼佛

无上甚深微妙法

百千万劫难遭遇

我今见闻得受持

愿解如来真实意

佛告须菩提："于意云何？如来昔在燃灯佛所，于法有所得不？""不也，世尊！如来在燃灯佛所，于法实无所得。""须菩提！于意云何？菩萨庄严佛土不？""不也，世尊！何以故？庄严佛土者，即非庄严，是名庄严。""是故须菩提！诸菩萨摩诃萨应如是生清净心，不应住色生心，不应住声香味触法生心，应无所住而生其心。须菩提！譬如有人，身如须弥山王，于意云何？是身为大不？"须菩提言："甚大，世尊！何以故？佛说非身，是名大身。"

如果说前边讲的是空性、智慧、福德，那这里"庄严净土分"讲的是什么？事功。所以佛教中经常造一些庙，叫做"庄严国土，利乐有情"。佛教大概是世界上第一个倡导环保的宗教组织，整个峨嵋山就是一个和尚诵《法华经》八万多字，一个字栽一棵竹子，慢慢发展起来的。

佛告须菩提，你怎么样想呢？如来过去在燃灯佛前有没有得到什么法呢？"不也，世尊。"如果按照我的理解，"如来在燃灯佛所，于法实无所得。"《六祖坛经》中说六祖二十四岁时从广东跑到湖北来，跟五祖来求法，然后他得了法之后，五祖把衣钵传给他，五祖连夜摇着小船把他送下山，为什么让他跑呢？因为五祖身边还有一千多个徒众，其中以神秀大师为教授师，是众人中的首座弟子，但是五祖并没有把法传给他，反而传给这个广东小伙子，五祖担心大家害他，放他跑了。其中有一个将军出身叫惠明的，很不甘心，就去追六祖，六祖一看跑不掉了，就把袈裟、钵往石头上一搁，藏到树丛里面不出来。惠明练武出身，却怎么也拿不起来这件袈裟，一件袈裟才有多重呀？

却拿不动，惠明便明白师父把法传给这个小伙子一定有他的道理。便赶紧说，行者行者，你出来吧，我是为法而来，不是为衣而来的。六祖出来了，惠明说怎么你就得了法了呢？我在五祖身边学了十几年，也得到神秀师兄的教导，但是我还不明白法是什么，请你告诉我。六祖说，你真的要学法吗？好。不思恶，不思善。这个时候哪个是你惠明的本来面目呀？惠明明白了，当下即是，这颗心不思善不思恶，超越善恶这个状态，清静污染，一切皆知，而又一切不知的状态，就是我们心的本来面目。叫他佛就是佛，叫他是上帝就是上帝，叫他至真、至善、至美，就叫至真、至善、至美，叫它道也可以。所以“道可道，非常道，名可名，非常名”都是这一个道理。

然而就这样就是法了吗？惠明不相信，他想知道还有更多的秘密吗？六祖说“密在汝边”，密在你那里不在我这里，你若识得本心，知道你的本心，认知了、体证了，密就在你那里，不在我这里。

“于法有所得不？”现在我们有一种说法叫得一个秘法，比如一个什么经，念上多少遍就会如何如何。很多人相信，为什么？因为这能极大地满足人的投机取巧、不劳而获之心，就是满足了人的贪心，什么都不干，什么都不付出，却最大地获得了。纯净的佛法一旦被这样的贪欲所驱动、所利用的时候，就变得这样的乌烟瘴气，很可怕也很可怜，更加可悲。所以问“于法有所得不？”回答是没有，如果按照我的理解佛陀在燃灯佛前是没有法所得的。

“须菩提！于意云何？菩萨庄严佛土不？”“不也，世尊！何以故？庄严佛土者，即非庄严，是名庄严。”须菩提，那又怎么样说呢？菩萨庄严佛土不？没有了，世尊，为什么？“庄严佛土者，即非庄严，是名庄严。”庄严佛土者，有没有这件事真实地存在着？有，但是即非庄严，应该就是用过即怎么样？即了。用过即了，但是为了继续激发别人的善心、善行，是名庄严，这一点很有意思。假如每个人都积阴德，做了善事都不留名、不留声，不是就好了吗？可是大家有几个人会跟着学习做善事呢？所以有些善事一定要留名，留了名别人才知道学。比如李嘉诚先生又捐了一个社会慈善事业，比尔·盖茨又做了一个什么慈善基金组织，他们都做了，那我们也去做。这就是庄严佛土者，即非庄严，是名庄严。我们每个当事人不应该为这个庄严而去做，不为了留名，不为了留声，但是作为其他的人，这个社会、群体、群众，应该怎么样？向他学习，所以是名庄严，非常有意思，空和有都不拘持。该用空的时候，就非庄严；该用有的时候，就怎么样？是名庄严。很多人在这里面搞不清楚，以为他是一个矛盾、悖论，其实不是这样，因为空和有是高度的融合。

“是故须菩提！诸菩萨摩诃萨应如是生清净心”，不是一个菩萨摩诃萨，诸，也就是所有的，各种各样的，菩萨摩诃萨。摩诃萨就是大的意思，大菩萨叫做菩萨摩诃萨。“应如是生清净心”，就应该这样的生清净心。从第四品到第十品才有一个答案，是不是？说福德即非福德性，是名福德，可以三十二相，怎么样？佛说大身即非大身，是名大身，庄严佛陀即非庄严，是名庄严，到现在才告诉我们应如是生清净心。什么是清净心呀？不应住色生心，看得见的，占有空间、占有体积、占有形象的，不应住声、不应住香、不应住味、不应住触、不应住法生心。那问题来了，应该怎么样？无所住而生其心。

在佛学院，国家宗教局曾组织举办过这样一个讲经比赛，大家讨论：既然是无所住了，就不再生其心了，无所住而又生其心，生其心而无所住，这就是说道在通流。法轮的意思源自于印度远古的传说，佛教分金轮圣王、银轮圣王、铜轮圣王、铁轮圣王。每个圣王都有一个轮子，可用此降伏敌人，比如说周边要有反叛了，他不需要派兵，这个轮子像哪吒那个金刚圈似的，过去就已经把敌人的首级取掉了，回来就搁到这里了。所以《西游记》、《封神榜》里面好多情节都源自于佛教的这些东西，最初出处都在佛教。这个轮子是推动和降伏之意，他要推动然后又能降伏，降伏那些反叛者。

“应无所住而生其心”，慢慢体会一下，在你打坐的时候来用它才是真的用。在生活中用，已经很难，在打坐中用，难上加难，因为大家把打坐当成很神圣、很神秘、很深奥的一件事情，不知道它其实就那么简单，你坐在这里，无所住，你别说我是为了打坐，也别说我为了熄灭烦恼，也别说我为了成佛、成阿罗汉，都不需要。无所住，但是生其心，让你的心专注在一个念头上。不思善，不思恶，哪个是你本来的面目，无所住而生其心。坐着坐着生起一个妄念，哎呀，我饿了，怎么办呢？别去惭愧，别去沮丧，无所住。知道我的念头已经跑到吃饭上了，跑到饥饿上，而不在我的禅修上，放下即是了，无所住，又生起一个正念，观察你心念的起伏，就这么简单。

须菩提，比如有人，这个人身像喜马拉雅山那么高，在你怎么想的呢？这个身够不够大？须菩提说，当然够大。世尊，为什么这样说？“佛说非身，是名大身”，跟刚才那三句“庄严佛土者，即非庄严，是名庄严”，这里是从反面说，佛说非身，是名大身，应该按照前面的句式，怎么样？“佛说大身，即是非身，是名大身”，这样说。

《金刚经》有几个关键的地方，这个“应无所住，而生其心”是一个关键的地方。我们前面讲第五品中也是，“凡所有相，皆是虚妄。若见诸相非相，即见如来”。这两个点眼是整个《金刚经》的精华，你可以把这两句记下来当成咒语来念，包治百病。比如刚跟人吵架了：若见吵架，即非吵架，是名吵架，凡是吵架皆是虚妄，若不吵架即是实相。即是非恨，是名为恨。马上就应用了。生活中的佛法才是属于我们的，书本上的白纸黑字是谁的？是佛的，不是我们的，对不对？把它融会贯通于生命乃至血液和呼吸之中的佛法才是属于我们的。

请大家跟我合掌

愿消三障诸烦恼

愿得智慧真明了

普愿罪障悉消除

世世常行菩萨道

普愿一切见者闻者听者

远离痛苦之因、痛苦之缘、痛苦之业

普愿一切见者闻者听者

建立解脱之因、解脱之缘、解脱之业

普愿一切见者闻者听者

快乐安详得以解脱

愿一切众生

快乐安详得以解脱

愿一切众生

快乐安详得以解脱

愿一切众生

快乐安详得以解脱

第十一品

无为福胜分

请大家合掌

南无本师释迦牟尼佛

南无本师释迦牟尼佛

南无本师释迦牟尼佛

无上甚深微妙法

百千万劫难遭遇

我今见闻得受持

愿解如来真实意

“须菩提！如恒河中所有沙数，如是沙等恒河，于意云何？是诸恒河沙宁为多不？”须菩提言：“甚多，世尊！但诸恒河尚多无数，何况其沙。”“须菩提！我今实言告汝：若有善男子、善女人，以七宝满尔所恒河沙数三千大千世界，以用布施，得福多不？”须菩提言：“甚多，世尊！”佛告须菩提：“若善男子、善女人，于此经中，乃至受持四句偈等，为他人说，而此福德胜前福德。”

“无为福胜分”分得也很好，无为福是不是最殊胜？有为的福怎么样？是可以计量的。所以有为的福是可以用时间，用速度，用算术计算出来的，但是无为相当于无穷大。有为是有限，无为是无限。既然是无限，就没有边际，算术、譬喻所不能知。心如果能够随时安住在无为法中，当下佛法就现成了，当下、眼前，佛法的一切就已经解决了，不需要死后，不需要剃头，不需要吃素，不需要拿个念珠把自己装扮得像个修行人那样。

“须菩提！如恒河中所有沙数，如是沙等恒河，于意云何？”大家可能知道，恒河的沙像小细面一样白白的，特别细，你在水里捞出来了顺着就流下去了。恒河中的沙子和像沙子那么多的恒河，够不够多？够多，那么按照须菩提你的意思，“是诸恒河沙宁为多不？”不只是一条恒河沙，是那么多那么多的恒河沙，够不够多？须菩提说，甚多，世尊。“但诸恒河尚多无数，何况其沙。”像这样的河尚多无数，何况其沙呢？

“须菩提，我今实言告汝”，我给你坦白地说，如果有善男子、善女人，金、银、琉璃、玻璃、砗磲、赤珠、玛瑙七宝，装满了恒河沙数那么多的三千大千世界。世界，世是时间，界是空间，所以时间与空间融为一体叫做世界，那么时间和空间是如何融为一体的？我们留着讲《楞严经》的时候再说。时间和空间它们两个是怎么打结的，它们又是如何跟我们的心的认知打结的？很有意思。有个时间，有个空间，想想看没有生命，这个时间空间是不是死的？虽有犹无。只有有了生命，这些生命能认知它，这个时间和空间才是活的，对不对？非常有意思。我看学过矩阵、学过线性代数的，大概能算出时间、空间，再加上过去、现在、未来三世，再加上过去的、空间的上下左右东西南北十方，然后每一方又有一个过去、现在、未来，没有高度想象力真的想不出来，这就是佛教的世界。宇宙、无常，生命、变化，这些词全部来自于佛教，包括人们使用的单位，也来自佛教，并且是来自禅宗。

拿这么多的七宝以用布施，得福够不够多啊？须菩提说，甚多，世尊。佛告须菩提，如果有善男子，善女人，能够在此《金刚经》中乃至接受，持之四句偈等，并且能够为他人演说，“而此福德胜前福德”。也就是前面这个人拿恒河沙数的世界七宝，恒河尚且无数，何况其沙，拿那么多世界七宝，以用布施，遍满三千大千世界，帮助别人服务社会，做慈善、做志工，但是这功德跟有人拿这个《金刚经》四句偈抄诵，为别人解说相比，其福德胜前福德。所以是福德，即非福德性，是名福德，福德还不够，若人“于此章句能生信心，以此为实，当知是人不于一佛二佛三四五佛而种善根，已于无量千万佛所种诸善根”。所以以此为实，常生信心。

这就是《金刚经》，非常有意思。有一类注解《金刚经》，认为《金刚经》纯粹是讲空的，这是一个不太圆满的见解。它是“空”“有”都不立，强调的是般若、中道、空性、智慧，强调的是关于空的智慧，而不是空。

请大家跟我合掌

愿消三障诸烦恼

愿得智慧真明了

普愿罪障悉消除

世世常行菩萨道

普愿一切见者闻者听者

远离痛苦之因、痛苦之缘、痛苦之业

普愿一切见者闻者听者

建立解脱之因、解脱之缘、解脱之业

普愿一切见者闻者听者

快乐安详得以解脱

愿一切众生

快乐安详得以解脱

愿一切众生

快乐安详得以解脱

愿一切众生

快乐安详得以解脱

第十二品

尊重正教分

请大家合掌

南无本师释迦牟尼佛

南无本师释迦牟尼佛

南无本师释迦牟尼佛

无上甚深微妙法

百千万劫难遭遇

我今见闻得受持

愿解如来真实意

“复次，须菩提！随说是经，乃至四句偈等，当知此处，一切世间、天人、阿修罗，皆应供养，如佛塔庙，何况有人尽能受持读诵。须菩提！当知是人成就最上第一希有之法，若是经典所在之处，则为有佛，若尊重弟子。”

一般佛经讲到这个地方，尊重正教分，按照天台宗隋朝隋炀帝的好朋友智者大师的见解，他把佛教四十九年讲的经典汇集为“五时八教”，分的就是五时，每一部经典就分了序分、正分和流通分。这个尊重正教分相当于流通分，就是快要结尾了，等于《金刚经》到这儿快结尾了。

“复次”，再一次，须菩提，“随说是经”，随便跟别人说，也就是你没有所求，没有预设，没有会所、听众，没有预期时间，随便拿出四句偈来；“当知此处”，这个地方，“一切世间、天人、阿修罗，皆应供养，如佛塔庙”，“经典所在之处，则为有佛，若尊重弟子”。大家想想看，佛法有没有宗教的成分？绝对有。所以导致了大量的佛教徒的出现，自己不认字，把经印得好，印得漂亮，搁那儿干吗？供着。

“一切世间、天人、阿修罗”，有时候佛教分类，叫六道轮回又叫五道轮回，因为天人中有阿修罗，人中有阿修罗，畜生中有阿修罗，鬼道中也有阿修罗，阿修罗是什么意思？是刀子嘴、豆腐心，三句话没有明白就开始吵架的那种。大家想想看我们世间有没有这样的阿修罗，是不是很多？我们每个人每天都有做阿修罗的时候。

请大家跟我合掌

愿消三障诸烦恼

愿得智慧真明了

普愿罪障悉消除

世世常行菩萨道

普愿一切见者闻者听者

远离痛苦之因、痛苦之缘、痛苦之业

普愿一切见者闻者听者

建立解脱之因、解脱之缘、解脱之业

普愿一切见者闻者听者

快乐安详得以解脱

愿一切众生

快乐安详得以解脱

愿一切众生

快乐安详得以解脱

愿一切众生

快乐安详得以解脱

《金刚经》现场答疑

第十三品

如法受持分

请大家合掌

南无本师释迦牟尼佛

南无本师释迦牟尼佛

南无本师释迦牟尼佛

无上甚深微妙法

百千万劫难遭遇

我今见闻得受持

愿解如来真实意

尔时，须菩提白佛言："世尊！当何名此经，我等云何奉持？"佛告须菩提："是经名为金刚般若波罗蜜，以是名字，汝当奉持！所以者何？须菩提！佛说般若波罗蜜，即非般若波罗蜜，是名般若波罗蜜。须菩提！于意云何？如来有所说法不？"须菩提白佛言："世尊！如来无所说。""须菩提！于意云何？三千大千世界所有微尘，是为多不？"须菩提言："甚多，世尊！""须菩提！诸微尘，如来说非微尘，是名微尘。如来说世界，非世界，是名世界。须菩提！于意云何？可以三十二相见如来不？""不也，世尊！不可以三十二相得见如来。何以故？如来说三十二相，即是非相，是名三十二相。""须菩提！若有善男子、善女人，以恒河沙等身命布施；若复有人，于此经中乃至受持四句偈等，为他人说，其福甚多。"

这一品跟上一品，实际上就是流通分，结尾的意思。"尔时"，我们在开篇已经讲了，不是我们一时。尔时须菩提即从座中怎么样？而起，偏袒右肩右膝着地，看看佛说得差不多了，按照一般的教学，一般问答到这个程度就该结束了。"须菩提白佛言"，世尊，那么这个经该叫什么名字呢？我们应该怎样按照这个经的指导来修学呢？佛告诉须菩提，这个经可以叫做"金刚般若波罗蜜"，金刚能断一切，而不被一切所断，坚硬之意；般若波罗蜜，靠大智慧从烦恼的此岸到达解脱的彼岸，形容这种智慧像金刚一样的坚硬。以是名字，那么你应该这样来奉持。"所以者何"，为什么这样子呢？须菩提，我说有一个用智慧到彼岸的方法，即非智慧到彼岸，是名智慧到彼岸。整个《金刚经》实际上横说竖说、黑说白说、正说反说，只在讲一件事，一件什么事？般若波罗蜜，智慧到彼岸。但是又这样告诉你说，佛说智慧到彼岸即非智慧到彼岸，是名智慧到彼岸。

须菩提，什么意思啊？如来有所说法不？须菩提白佛言，世尊，如来没有说什么。须菩提，三千大千世界所有微尘，够不够多啊？不要说三千大千世界，咱们北京的微尘就有多少？沙尘暴一来的时候，扑天盖地这个微尘能数得出来吗？那么佛教有一个论叫《俱舍论》，“舍”是都舍弃的意思。它对于物质的分类，要分成七份，我们肉眼看得见的最小的微粒，再把它分成七份，就是微尘。看不见摸不着了的，开始要产生核变了，还要分成七份。但是在显微镜下能看到。须菩提说，够多啊！世尊。须菩提，如来说即非微尘只是叫做微尘而已。

不知道大家读没读过《华严经》？它是唐朝时李通玄长者撰写的。这位长者是皇族王子出身，本来想跟哥哥争皇位，后来失败了，因担心哥哥害他，就出家了，后来撰写了《华严经》。他写过一首诗，有几句是这样的：“十世古今，始终不移于当念。无边刹境，自他不隔于毫端。”十世古今：过去、现在、未来，对不对？十世古今始终不离当念，叫无边刹境，自他不隔于毫端。自己和他人不隔于毫端，我这儿若染个传染病，这屋里谁跑得掉？有隔吗？没隔！我若现在痛苦了，谁还能欢喜？一人向隅满座皆悲呀！是不是这个道理？所以佛教有一个修行方法，当我们不能原谅别人错误的时候，当我们被别人的误解伤害得很深的时候，叫自他交换的禅修法。坐在这里，我不再是明奘，我是那个伤害我的人，一想到是我自己伤害我自己，痛苦马上就没有了。这跟阿Q精神有所不同，阿Q是说被人打了，嘴上虽然讨句便宜，但是烦恼还在，但禅者却是真的让烦恼消失了，把它解决掉了。这就是自他交换的禅修法。

“如来说非微尘，是名微尘。如来说世界，非世界，是名世界。”微尘形容其小，世界形容其大，那么大家想想看，大小是一还是二？《华严经》中叫做“大小不二，念劫圆融”，念，形容时间之短，劫，形容时间之长。念劫圆融，大小不二。一和多，一是少，多是怎么样？一多一体。主伴圆融，我是主，各位是伴，但是任何一个人开口说话，他又是主，我们又是伴，所有人的主伴圆融，一多无碍，所以这是个缘起观真的通透。所有的辩证法，都比不上《华严经》的境界。所以说世界即“是非世界，是名世界”。

须菩提，“可以三十二相见如来不？”世尊，不能用三十二相得见如来。为什么这样说呢？如来说三十二相即是非相，是名三十二相。那佛陀有时候他也不现这个慈悲相。有一次有个小鬼王，他很淘气，经常让老百姓不得安宁，夜里吓唬小孩子。佛陀派弟子去跟他讲法，他不听。佛陀便想了一个办法，把自己变成一个更大的鬼王，往这儿一走，这个小鬼王一看，哇！他比我还大，赶紧低头俯首称臣。然后说：“你怎么这么厉害？”佛陀说：“我是跟人家学习的。”小鬼王说：“你能不能教我？”佛陀说：“可以，那你盘下腿儿来跟我一起学。”两个人一盘腿儿，佛陀就教他慈心三昧修慈心观，一会儿这个大鬼王变成了佛陀那个满月相，小鬼变成一个小的月亮相，放下了杀心和淘气。所以佛陀有时候不现三十二大丈夫相，而现鬼相、凶相。那么在这点上，藏传佛教又有它极大的殊胜之处。讲到人临死时有一百尊神，一百尊神中只有四十二位显现的是菩萨慈眉善目的，五十八位则是愤怒的。

须菩提，如果有善男子善女人，以恒河沙的身命布施，这样的布施，功德够大吧？够大！但是如果又有人，能够在此经中乃至受持四句偈等，去为他人说，其福更多。这里关乎一个问题，为什么拿那么多恒河沙一样的七宝布施，又拿身命布施，反而他的福德不如有人拿个四句偈讲给别人或者自己受持读诵书写的福德多呢？它的道理何在呢？因为所有看得见摸得着的那个善法，它是一个有为法，有为法它遵从一个什么法则？是无常生灭法则。好比说咱们捐建一个大楼，这个大楼依据水泥的寿命，能存在七十年，对不对？生灭法，那七十年之后呢？没人记得它。但如果一个人，比如蔡元培先生，尽管他去世很多年了，可他的德风、智慧、校风，大家还能够如沐春风般感知得到，这就是道。所以一个是有为，遵从生灭无常法则，一个是无为，不随时间而变化，不随环境而变化。

那我们以四句偈《金刚经》能够让每一个个体修为的人从烦恼的此岸到达解脱的彼岸，成为一个圣贤。这个世间是造善的人多，造智慧的少。是不是？所以应该有更多的人来修这个智慧，智慧多了，行善的人就会更多。这个世间，当一个人从跟人的争斗中解脱出来，在他的眼里这个世界就已经解脱了，别人可能还痛苦，还在跟人争斗，他便可以帮别人一起解脱。只要有一盏灯亮，依据薪火相传的自然法则，有了第一盏蜡就一定有第二盏灯，有了第二盏灯就一定有光明一样的海洋，是不是这个道理？就不担心第二盏灯亮不亮的问题。

所以佛法非常的达观，不存在这样的说法：哎呀！会不会永恒？佛教一时的衰败无所谓，为什么？法而如是，不是佛陀让它如是，也不是上帝创造它如是，是法本来就如是。每个个体生命，当他的物质生活得到保障，当他的人生价值得到兑现的时候，他必然要关注生命的终极价值与意味，佛法解决了终极的生命价值与意味问题，这是一个必然的过程。佛法从来不用担心没有信众的问题，也从来不用担心被人误解的问题，水到渠成，到那个时节因缘瓜熟蒂落，是自然而然的，非常的恬淡。有人来，就一杯清茶，无人来还是一杯清茶，人多了“阿弥陀佛”，人少了还是“阿弥陀佛”。

问：**“须菩提！若有善男子、善女人，初日分以恒河沙等身布施”，然后是中日分，然后是后日分，为什么要说这个三时分？以恒河沙等身布施，这里是不是存在一个可以根据佛经来观想的问题？**

答：初日分、中日分、后日分，这是印度和中国的时间差异。中国是十二个时辰：子、丑、寅、卯、辰、巳、午、未、申、酉、戌、亥，一个时辰两个小时。在印度叫六时，日三时，夜三时，初日分、中日分、后日分，初夜分、中夜分、后夜分，一个时是四个小时，所以这是时间的界定而已。至于说以恒河沙等身布施，那么刚才回答问题也差不多了，大概《金刚经》关于福德、功德，关于这个持经功德比那些以恒河沙数而布施的，大概提到八处，很少有经典会这样来讲这个经的功德，特别有意思。它纯粹讲的是空性、智慧到彼岸，却完全是从福德性、从功德等方面诠释得更多，理和事的不二，性和相的合合。我们在讲第十四品、第十五品、第十七品的时候，会慢慢讲到这些的。

问：佛教是第一个没有神而是崇拜人的宗教，这种说法对吗？该怎么解释？

答：佛教承认有神，但是神不是主宰。这跟有神论、无神论都不一样。佛教承认有神论，但是神不是这个生命和世界的主宰，这是佛教跟其他宗教的最大差别。其他宗教中神是主宰，佛教中神只是六道之一。崇拜人的宗教，佛在僧数，所以他吃饭时跟着僧人一起托钵去，对不对？他没有作威作福，把自己装扮成一个顶尖级的活佛，要求别人怎么样。佛陀在僧数，有一个老比丘病了，眼睛不好用，自己缝衣服缝不来，那别人都不帮忙，佛陀去帮他缝衣服。还有一个老比丘得了痢疾、瘫痪，没人去照顾他，佛陀去给他擦身体。这就是佛陀，他也不崇拜人。佛陀是在人中成佛，是一个人，人中的觉者。所以你的这种说法都错。

问：“应无所住而生其心”，那个生心是生的什么心呢？是生阿耨多罗三藐三菩提心，还是就像我们坐禅那样什么都不想？

答：阿耨多罗三藐三菩提心包括了坐禅的心，还包括了什么都不想心，也包括了不住色、不住声、不住香、不住味、不住触、不住法生其心，阿耨多罗三藐三菩提心是上求佛道的心，无上正等正觉心，而所有的法，终极一点，都是无上正等正觉。

问：我们现在学习佛法，然后要去领悟佛法，那这本身算不算是对佛法的一种执著呢？

答：你不执能放得下吗？一个乞丐兜里只有三分钱，跟大家说："我是最不爱钱的人！"大家说他是真话是假话？可信还是不可信？但假如一个有钱的人说："我觉得钱对我只是个饰物，我放得下了。"大家相信他说真话还是假话？所以只有执过了再放才是真的放。释迦牟尼现身说法，因为他什么都经历了。但是又有一类极端分子说："何须待零落，然后始知空。"我们认为只有春花经历过夏天的娇艳，到了秋风一来，那种残败零落成泥，才是零落、才是残败，那就是后知后觉。也有极少数人是先知先觉，不必待花的零落，看到花一开就知道必然是萎坠成泥，这样的真信有没有？谁？

弘一法师不是，他什么都干过。一会儿搞个篆刻、一会儿搞个油画，在日本还成立"春柳剧社"，男扮女装演过话剧，所以他是经历过的人。五代时候有个清凉文益禅师，南唐中主李煜很喜欢他，让他还俗跟他治理这个国家，但是这个文益禅师不喜欢，就做了一首诗，说："拥毳对芳丛，由来趣不同。"毳是什么？细的鹿皮。春晚是不是还有点春寒呀？到晚上，"拥毳对芳丛，由来趣不同"，你是为官的、为帝的，我是为僧的。"发从今日白，花是去年红"，去年的花也像今年这么红，但是我的白发是从今日白的，"艳冶随朝露，馨香逐晚风"，"艳冶"，朝露一来、太阳一出，娇艳无比。那些美艳的花朵被晚风一吹，香气扑鼻；"何须待零落，然后始知空"，做此诗以言志。所以李煜一看，知道此人不可劝，赐他封号叫做"清凉文益大法眼禅师"。

问：福德和功德主要区别在哪些方面？

答：如果用一个最简单的概括，什么叫做福德？什么叫做功德？就是有漏和无漏。有漏的意思是你还要漏到生死轮回中，无漏就是成为阿罗汉，不来人间了，这就是无漏功德，有漏善法。在这方面梁武帝和达摩的对答是最有代表性的："南朝四百八十寺，多少楼台烟雨中。"梁武帝一生建寺助僧无数，以为自己有无量的功德，包括现在汉族的和尚吃素，都是梁武帝的功劳，他率先吃素，然后从经典里边摘经论据并撰文来说明吃素好，还先后三次舍身到金陵。还规定宫里吃素，并下三道圣旨，要求一年中三个月禁屠：正月、四月和九月。梁武帝以为功德不少了，但达摩祖师却说："并无功德。"梁武帝问为什么没有功德？达摩祖师说："你是但求有漏人天小福，真正的功德应从内心中求，你不在内心上下功夫，在这些有漏的形象上去下功夫，所以说没有功德。"达摩祖师早就看到他的问题，因此梁武帝最后怎么死的？他是饿死的。一个推广吃素的人、一个做了《梁皇宝忏》的人、一个对佛教做了这么大的改制、这么有创造性的人却是饿死的，可见因果不可饶恕。

问：请解释十法界的含义，是否是无数个类似地球的载体，仅仅是纬度与空间的不同呢？例如人类是三维空间，天人纬度更高，却共存一个地球？

答：十法界叫四圣六凡法界。从最高处说：佛法界、菩萨法界、缘觉法界、罗汉法界，这是四圣法界，超越了生死轮回。然后是六凡法界：天人法界、修罗法界、人法界、饿鬼法界、畜生法界和地狱法界。实际上一念具足十法界，只有这样的十法界，具足一念心之间，我们的修行才能够有落脚点。如果说佛法界在西方、在天上，跟我们的生命毫不相干，这样的话不信也罢，它一定是跟我们息息相关的。那么如何又是一念地狱法界呢？无法控制的愤怒，"力拔山兮气盖世，时不利兮骓不逝。骓不逝兮可奈何？虞兮虞兮奈若何？"那个时候是什么呀？嗔恨，就是地狱法界。相反一念的慈眉善目，不用为衣食着想，也不用为寒暑着想，喝喝茶、吹吹风、谈谈天，是不是天人法界？在我们的生命中，共用、共存、共在。十法界在这一个地方，在这一个空间里边，就在我们眼前的房间里边，佛法界也有，地狱法界也有，饿鬼法界也有。什么叫"饿"，饥饿的饿，而不是凶恶的恶。饥饿，现在饿不饿？恨不得找个东来顺涮羊肉吃去，那个状态，饿鬼法界。过一会儿觉得不好意思了，咽几口唾沫，满足了，什么法界？人的法界。挺简单的，所以把它想成三维空间、四维空间反倒没什么意思。

问：佛说非身，是名大身，这里的“大”和老子《道德经》里所说的“大曰逝，逝曰远，远曰返”中的那个“大”，是否同意？

答：老子这里边更多的是讲了一个哲理，一个性质，一个高度，那么这里说的“大身”就是“身如须弥山王，其身为大”，大小相对的大。因为后边就有世界和微尘的对比，对不对？就是一个很简单的东西，没那么复杂。但是老子那里面讲的是形而上的东西，这里讲的是一个具体看得见的形而下的东西。

问：请问心理的阴影是否和恶业有关？

答：阴影包括恶业和善业的，因为所有在你心里留下的东西都叫阴影，就好比你去拍X光，不管你有病没病，都要有个影子，你不能说它有善恶，所以阴影既跟恶业有关也跟善业有关，也跟无记业有关。什么叫无记业？饿了就想吃、困了就想睡、渴了就想喝，就叫无记业，没有善恶。所以阴影跟所有的业都有关。

问：如何克服心理阴影，是随着它去还是不管？

答：随它去就成为凡夫，不管它就是阿Q。以智慧洞见它，然后无所住而生其心，超越它，这就是佛法。

问：如果一个人经常在同一时间做同一个梦，请问是不是自性的反映？

答：现实中的一切都具有持续性，梦中的情景是短暂性的。梦中一小梦，人生一大梦，梦中还说一梦，所以没什么，都是梦而已。有时我们天天都在做同一个梦，什么梦？明天的太阳照常升起，后天的月亮照常降落，是不是同一个梦？所以南柯一梦、黄粱一梦，黄粱一梦多长时间？小米饭还没熟呢。经常做同样的梦有时候也反映一个问题，可能最近的心理状态需要调整一下，最好的调整方法就是微笑，对自己的心微笑，别去惩罚它、别去制裁它、别去安慰它。只是微笑，接受它，就够了，最好的方法，平常心。

问：**我想问《圆觉经》里的一个问题，就是在修禅的时候"单修禅那"是怎么个修法？**

答：《圆觉经》二十五种修法，单修禅那的方法就是灭烦恼，那么烦恼有没有一个来处？有没有体性？（观众：从心来。）

从心来？那么心在哪儿？有没有来处？没有来处。有没有住处？好像没住处，可正在经历的时候有没有一个实实在在的身心的感受？有，很实在，对不对？尽管没有住处，但是有实实在在的感受，那有没有个去处？一觉醒来烦恼就完了，来无来处、去无去处、住无住处，只是暂时的虚幻有。所以以灭烦恼立，单修禅那，就是观缘起。

一切只不过因缘，有了一个叫做明类的人，有一个人叫做张三，他因为怎么样怎么样然后让明类不开心，这个明类就烦恼来了对不对？然后你就要来观察，那个叫做明类的，佛说明类，即非明类，是名明类，哦，佛说张三，即非张三，是名张三，佛说烦恼，即非烦恼，是名烦恼，于是恬淡地一笑，就过去了。所以这就是以单修禅那灭烦恼的修行方法。看似非常的简单，道理太容易明白了，可做起来太难太难了。因为我们生生世世认为有一个实实在在的我的生命，所以才有这一期的生命，才有一个实实在在的个体，因此我才更加的痛苦、烦恼，你要想把生生世世的这个执取放下，就凭今天你想明白这个力量，是蚍蜉撼树、萤火烧山啊！所以《圆觉经》的修法很微妙、也很具体，但是操作起来还是有一定的难度，所以日久功深。

禅宗的修行方法就是宁可你这辈子没有得到解脱，不怕，最重要的正见不能失去，正见一旦失去，就会盲修瞎练，走上迷信，然后贪功冒进走向什么？邪道。很多的修行人实际上他原出发点很好，但是最后的结果却是很悲哀地走上了邪道、邪教。这就是贪功冒进，太想得到一个东西了，要知道他太想这个“太”和这个“想”怎么样？大贪，已经违背了诸法皆空的本体，违背了。所以正见一失，他哪怕整天守戒，也都是错误的。正见也就是智慧，智慧是第一位的，因此八正道中，正见、正思维，全是智慧层面的；正语、正业、正命完全是身体和语言层面的，正精进，是通于身体和语言、心念的；然后正定和正念则是专门指修行方法上的。但是以正见和正思维排在第一和第二，是最关键的。“宁可千年不悟、不可一时错路”，就是这个道理。

请大家跟我合掌
愿消三障诸烦恼
愿得智慧真明了
普愿罪障悉消除
世世常行菩萨道
普愿一切见者闻者听者
远离痛苦之因、痛苦之缘、痛苦之业
普愿一切见者闻者听者
建立解脱之因、解脱之缘、解脱之业
普愿一切见者闻者听者
快乐安详得以解脱
愿一切众生
快乐安详得以解脱
愿一切众生
快乐安详得以解脱
愿一切众生
快乐安详得以解脱

2007 年 10 月，“圣泉之旅 · 朝阳之道”秋令营中的禅修场面

第十四品

离相寂灭分

请大家合掌

南无本师释迦牟尼佛

南无本师释迦牟尼佛

南无本师释迦牟尼佛

无上甚深微妙法

百千万劫难遭遇

我今见闻得受持

愿解如来真实意

尔时，须菩提闻说是经，深解义趣，涕泪悲泣，而白佛言："希有，世尊！佛说如是甚深经典，我从昔来所得慧眼，未曾得闻如是之经。世尊！若复有人得闻是经，信心清净，即生实相，当知是人，成就第一希有功德。世尊！是实相者，即是非相，是故如来说名实相。世尊！我今得闻如是经典，信解受持不足为难，若当来世，后五百岁，其有众生，得闻是经，信解受持，是人即为第一希有。何以故？此人无我相、无人相、无众生相、无寿者相。所以者何？我相即是非相，人相、众生相、寿者相即是非相。何以故？离一切诸相，即名诸佛。"佛告须菩提："如是！如是！若复有人，得闻是经，不惊、不怖、不畏，当知是人，甚为希有。何以故？须菩提！如来说第一波罗蜜，即非第一波罗蜜，是名第一波罗蜜。须菩提！忍辱波罗蜜，如来说非忍辱波罗蜜。是名忍辱罗蜜。何以故？

到了十四品，《金刚经》第三次出现"尔时"。"须菩提闻说是经，深解义趣"，这跟我们浅尝辄止的理解是有差异的。真正的明白是"深解义趣"，深深走入的意思，法已经入他的心了，法水已经浇灌了他的心。那我们现在很多的佛弟子，佛教徒，是法不入心。做一个很形象的比喻，有的人刚一听说佛法，马上就会说，好！可怎么好了？不知道。有可能会说吃素好。吃素怎么好了？血脂可以不高。磕头好。怎么好了？可以健身。说了半天都是隔靴搔痒。真正的法怎么样好呢？叫自受用与他受用。自受用是说你自己听到这个法以后遇到烦扰时，你会用这个法来化解烦恼，生起那种般若智慧的力量，烦恼马上熄灭了。但是不是说一个人学了佛法深解义趣了，就真的再也没有烦扰了？可能吗？如果能做到，这个人一定是创造者，是不是？所以法水要入心。

“深解义趣，涕泪悲泣”，号啕大哭，捶胸顿足，朝闻道夕死足矣那个样子。那么一个人修行佛法，如果说是在若干生中沉迷得很深很深的人，一旦他真的明白佛法后他都是会笑，因为总算从生命的迷惑中醒过来了，他开心得不得了。相反迷得浅的人他会哭，为什么会哭？觉得冤枉，本来生命不应该有迷惑，不应该受这么多痛苦和烦恼，结果却窝里窝囊地受了这些个轮回之苦，所以他感觉冤，涕泪悲泣。衣毛为竖，身上的毛发，不但是发，连汗毛都竖起来了，甚至不但眼中出血，还有毛孔出血。我们看有些修行人，他们到了真正得到那种法乐的时候，毛孔都出血，那个时候不用担心失血过多，那个担心是因为世俗之见。出完了，业障也就全消掉了，剩下的血全是纯净的。但是现在这样的修行人很少很少了，已成了一种传说了。

佛您老人家说了如是甚深经典，我从过去以来，所得的慧眼，从来没有得闻过这样一部深刻的、了义的、圆满的智慧之经。世尊，如果有人听到这个经，信心清净，就怎么样？则生实相。看这八个字，“信心清净，则生实相”，相信自己的心清净会不会实相自然而生？别在这儿颟顸错过。

自然心清净就是实相，这里边是有因果关系的。心清净就好比湖水的平静，大家想想看平静的湖水，微波不兴、涟漪不起那个状态，空中有个飞鸟，水中立刻就显现出来，心清净，诸法的本来面目全部就自然生起了实相，当下既是。就当下，体会一下，现在，因为你听我说了，你也没思善，你也没思恶，什么都没想，没想下一个时间、下一个小时干吗？心清净不清净？灯光在哪里？声音在哪里？什么都清楚明白。但是什么都清楚明白，并不干扰你纯净的心，那就是实相。所以佛法当下就是，就看你信不信，信，这就叫做无上秘法。你看又没有念咒，但是你不信就没有那个作用；信了，你随时让自己保持在这个状态就是实相，它就是智慧。如果大家能做到了，就怎么样了？这个人成就第一稀有功德。前面已经说过功德与福德的差别，功德是无漏法，带我们走入解脱涅槃之门，那福德呢？是有为之法，带我们进入善法之门，但是善法用尽了，还要轮回到生死之中。

“世尊，是实相者，即是非相，是故如来说名实相。”前面曾说：“凡所有相皆是虚妄，若见诸相非相即见如来。”如来，就是如其本来的意思，既然一切相皆是虚妄，那么若见一切诸相皆是非相，是不是就见到如其本来了，就不受幻相的制约了。所以实相者即是非相，我们否定了这些虚妄的相，认为有一个实实在在的实相在，这个实相是真的是假的？假的。唯有你执著于“有”，佛才说空，当你把“有”破除了，这个空还是假的。因有而立空，因生死而立涅槃，因烦恼而立解脱，你没有烦恼了要解脱干吗？你已经超越了所有的方向，你还要这个指南针干吗呢？因方向所以迷路，如果本无方位，无处所了，又哪来的迷失呢？这个道理慢慢玩味。

“世尊，我今天得闻如是经典，信解受持不足为难”，信，相信了，解，正确地了解了，受持，就是行动。解空第一的须菩提长者，当然了解这样一个甚深的般若之法是不足为难。“若当来世，后五百岁”，指我们这个时代，“其有众生，得闻是经，信解受持，是人则为第一希有”。听到这个经典，信解受持，这个人则为第一稀有，不但是稀有中的稀有，是第一稀有。“何以故呢”？因为此人已经超越了我相、超越了人相、超越了众生相、超越了寿者相，“所以者何”？我相就不是实相，对不对？所以我相即是非相，既然我相违背了实相，他就不是我们应该抓到的如其本来的样子，他也就是非相了。那因我而建立的人相、众生相、寿者相，是不是自然都是非相，为什么这样呢？“离一切诸相，即名诸佛”。

练过气功的人都知道，气功的最高境界，就是心里面一念不生，这叫空心静坐，于法无益。空心静坐而已。各位想想，心本身让你空吗？即使你要空这个心，想要空这个心的愿望本身是有还是无？你已经有一个实实在在的有在心里了，还空什么？是不是这个道理呀？这就是佛法的智慧。“离一切诸相，即名诸佛”，你认为有一个乱相，不对；认为有一个清净相，也不对。因为它是建立在二元认知上，诸法如意，诸法本来的样子超越动静二边，既没有动相，也没有静相。佛告须菩提，是啊是啊，如果有人得闻是经，第一个“不惊”，不惊奇，“不怖”，不恐怖，“不畏”，不身怀畏惧。梁武帝见达摩问，“这一生建寺度僧无数，有何功德？”结果达摩说“并无功德”，梁武帝听到这四个字惊怖，是吧？如果让修行人离开了他所谓的清规戒律，看看他还安住在什么之中？你不让他吃素，他会吓坏，不让他早晨四点半起床念经打坐，就让他无所事事，他做得到吗？他还会吓死了。他认为财、色、名、食、睡，地狱五条根，睡多了下地狱，于是怕死了。惊怖畏！如果有人听到这个，不惊、不怖、不畏，信心清净则生实相，离一切诸相则名诸佛，一旦明白这个了，如来说，“当知是人，甚为希有”。为什么这样说？“须菩提，如来说第一波罗蜜，即非第一波罗蜜，是名第一波罗蜜”。

波罗蜜有六波罗蜜，也就是我们第一天讲的佛教的五乘教法，人乘、天乘、声闻乘、缘觉乘到菩萨乘。菩萨乘的教法以六条为标准，第一条叫布施波罗蜜，就是用布施的方法到达彼岸；第二条叫持戒波罗蜜，用持戒的方法到达解脱的彼岸；第三条是忍辱波罗蜜，用忍辱的方法到达解脱的彼岸；第四条是精进波罗蜜，用精进的方法到达解脱的彼岸；第五条是禅定波罗蜜，第六条是般若波罗蜜，用智慧到达彼岸。这就叫菩萨的六度法，六种到达彼岸的方法。

但是佛又告诉我们了，前五度如盲，瞎眼睛，第六度如什么？如眼。所以前五度离开了第六度就是盲人，因此佛法一个戒律规定说，“忘了智慧而行善法，即是魔业”。我们现在很多佛教徒去做义工去做善事，但没有智慧。他没有智慧，所以做的所谓的布施全是痛苦之因，痛苦之业。

给大家讲一个笑话，这是我在吉隆坡巡回讲法时当地的几个法师给我讲的。说有一个台湾非常知名的大法师到一个养鸡厂去放生，是一个印度人开的一个养鸡场，六百多只鸡，结果搁在笼子里，搁了三天死了三分之一，被晒死的，因为当地温度太高了。人家养鸡场起码通风呀，空调设备还是有的，他这一弄没有了，结果被当地的印度人告到卫生署了，说这里禽流感。卫生署马上派人来检查，一检查没有禽流感，就是好端端地被晒死的，因为缺少水又挤。这种行为叫忘失了智慧的善法，即同魔业。所以盲目放生很有问题。因为违背了放生的本意，放生的本意叫救它急难。

所以这是我们佛教徒做的很愚昧的一些善事，我们要知道要有智慧、知识、知量、知解，随缘、随分、随力、随心，这都是波罗蜜，般若波罗蜜。离开了这些去行善法，好事不如无事。

“须菩提，忍辱波罗蜜，如来说非忍辱波罗蜜，是名忍辱波罗蜜”，刚才已经说过，布施、持戒，第三个就是忍辱嘛。那为什么说忍辱即非波罗蜜了呢？

“何以故？须菩提！如我昔为歌利王割截身体，我于尔时，无我相、无人相、无众生相、无寿者相。何以故？我于往昔节节支解时，若有我相、人相、众生相、寿者相，应生嗔恨。须菩提！又念过去于五百世作忍辱仙人，于尔所世，无我相、无人相、无众生相、无寿者相。是故，须菩提，菩萨应离一切相，发阿耨多罗三藐三菩提心，不应住色生心，不应住声香味触法生心，应生无所住心。若心有住，即为非住。是故佛说：‘菩萨心不应住色布施。’须菩提！菩萨为利益一切众生故，应如是布施。如来说：一切诸相，即是非相。又说：一切众生，即非众生。”

再看这一段，第十四品和第十七品是最长的。“歌利”翻译成汉语是残暴的意思，歌利王当时是国王，那么释迦牟尼呢？他那一生在做一个修行人，在一个山上玩，他的玩法就是打坐，认真地修行。歌利王带着妃子们到这来游玩，这些妃子见到一个胡子这么长的修行人觉得很好奇，就问，你是神仙还是妖怪？那修行人本着他的慈悲如实解答，结果歌利王睡醒后一看妃子们都在围着这个修行人，他就认为修行人侮辱了他。马上就问修行人，你有没有引诱我的宫女？修行人说没有，这就是忍辱仙人嘛。歌利王说，好，割耳朵。割下一只耳朵还不好，又割鼻子，最后把忍辱仙人节节支解。这个时候，释迦牟尼佛的前生发了个愿：如果我说了假话，那么就让我节节支解，如果我没有说假话，那么让我的身体恢复如初。他说完这话后本来是晴空万里的天，突然飞砂走石，沙尘暴来了。沙尘暴后，忍辱仙人身体完好如初。歌利王知道自己冤枉了这个真正的修行人，就跪地磕头、求饶、忏悔，说我做错事了。这时候，佛陀前生就发愿说，没有关系，歌利王，当我成佛的时候我第一个来度你。

这就是佛陀的前生，他是以忍辱波罗蜜来止恶，而不是以恶止恶，是以包容化解了恶。等到释迦牟尼成佛，观察因缘，找到了五比丘，三转法轮，三转：法轮包括劝转。第一转四圣谛法轮，阿若憍陈如尊者就明白了，当时就证得了阿罗含果。这个阿若憍陈如就是当年的歌利王。来到汉地我们大陆佛教的禅堂里供的既不是释迦牟尼也不是阿难，而是阿若憍陈如尊者，因为他是第一个开悟的人，第一个明白了四圣谛法，得到法眼净的阿罗汉弟子。所以当佛祖的前生被歌利王割截身体时，那时如果他有我相、人相、众生相、寿者相，肯定应该生嗔恨，对不对？但他没有这些相，所以远离嗔恨。

“须菩提！乂念过去于五百世作忍辱仙人”，在印度凡是在深山里面、森林里面修行的人都叫做仙人。并不是他已经升仙得道，跟中国的道家说“一人得道，鸡犬升天”，完全不一样，只要一个人离开家庭在森林里修行，都叫做仙人。但他不能飞呀，不能变化自在，他只是一个修行的人，甚至有些很窝囊的修行人都叫做仙人。做忍辱仙人，也是超越了我相、超越了人相、超越了众生相和寿者相，“是故，须菩提，菩萨应离一切相”，菩萨应怎么样？应该离开一切相，发无上正等正觉的这个心。发阿耨多罗三藐三菩提心，不应住什么？不应住色、声、香、味、触、法、身、心，应生无所住心。

那想想看跟第十品“应无所住而生其心”和“应生无所住心”，两个有差别吗？实际上没有太多的差异。在第十七品还会把这个话重复，第十七品的说法跟这两个又不一样，我们到了再说。

“若心有住，即为非住”。想想看你心中执著的任何一个东西，都不能让你得入深层的禅谛。你认为说只有在深山里打坐才能够修行，那么你就受之于这一个成见，十字街头就不能修行；你认为只有吃素才能修行，那么你今天不小心吃了个鱼，那这一天你就不修行了？在禅修的深层阶段，你任何一点点的执取，哪怕是像针尖那么大，哪怕是善法，哪怕是出世解脱法都会成为障碍。浅层阶段这些该有的规矩都必须建立，但是深层阶段这些该破的却全都要破。所以我们在讲诸论的时候就会讲到，所有一切诸法皆破，恶法破掉，善法也破，两边破掉，中间也给破掉，一切皆破，破得无可再破了，便差不多入道了。你看降龙十八掌第十八掌是什么掌？是融会贯通，把前十七掌全忘了，第十八掌才是真正的有力量。所以金庸也蛮懂这个禅的，听说他过去信的是天主教，后来改信了佛教，因此对禅较有了解。不应住色布施，当然也不住声香味触法布施。

“为利益一切众生故，应如是布施。”佛陀现在终于正面回答问题了，如来说一切众生，“一切诸相，即是非相，”又说：“一切众生，即非众生”。所以说《金刚经》不是讲的，实际上就是玩味和体会的。我个人认为读经时，任何人的注解都不要看，不管是祖师、大德的、历史的，还是现代的全都不要看，拿来就读，怎么读呢？盘腿坐着，傻乎乎地大声地读出来，三年下来，看怎么样？可惜我这个方法却没人相信。为什么？现代人太盲从一些所谓的大师了。今天听听这个人的，明天听听那个人的，三天打鱼两天晒网，跟不下去，不能一门深入。其实他真正要做的，就是老老实实地，就该像这里的这样。

“须菩提！如来是真语者、实语者、如语者、不诳语者、不异语者。须菩提！如来所得法，此法无实无虚。须菩提，若菩萨心住于法而行布施，如人

入暗，即无所见。若菩萨心不住法而行布施，如人有目，日光明照，见种种色。须菩提！当来之世，若有善男子、善女人，能于此经受持读诵，即为如来，以佛智慧，悉知是人，悉见是人，皆得成就无量无边功德。”

你看如来是真语者，也就是不说假话，对不对？实语者，不说欺骗人的话；如语者，其本来的说，绝不文过饰非；不诳语者，绝对不会说过头的话，你过来吧，我这里有宝贝，来了之后怎么样？没宝贝。那么关于不诳语者，我推荐大家看看《法华经》。《法华经》共二十八品，都是讲故事，没有讲道理。里边有著名的八个比喻。

比如说有一个故事叫做火宅喻，火宅，着火的宅子。一个人，有很多很多的钱，生了很多儿子，有一天他从外地做生意回来，发现自己的房子已经着火了，可是用所有方法跟这些孩子说“快出来，快出来，火已经着了，一会儿房子要倒了，你会被烧死的”，孩子却没有一个出来的，就是贪玩儿。最后他想了一个办法，说：“我这儿有羊车、有鹿车、还有牛车。”这一说，孩子们便想尽各种办法出来：从门里跑出来的，搭着梯子顺墙跳下来的，翻绳索出来的，最后孩子全逃出来了。出来了以后，他说，以我的财产，不需要给羊车给鹿车，每个人生命保住了全给大白牛车。这就是著名的两个比喻：“三车之喻和火宅之喻。”佛就是那个人，这些孩子就是我们每个人。佛说此事苦应该离，我们不相信，此事即是苦之因，还是不相信，此事灭，是解脱之果，还是不相信。那算了，告诉你有个极乐世界，有个天堂，去不去？都想去，所以极乐世界就是个什么？就是大白牛车。

你看佛叫不诳语者，他有没有说假话呢？没有。但是你如果认为那是唯一的解脱之法又错了，所以佛又叫不异语者。如来说的，千说万说、横说竖说、白说黑说，都在说一件事，什么事？“须菩提！如来所得法，此法无实无虚”，所以到禅宗就不这样说了，“临济祖师，有时候老僧一根稻草做丈六金身用。有时丈六金身做一根草用，有时一喝不做一喝用”。什么意思？佛陀身子特别高大，叫丈六金身，紫磨真金色身，他的三十二相其中的一样，叫紫磨真金色。有时一根稻草做丈六金身用。有时丈六金身做一根草用，有时一喝，大声地吼一声。当年苏东坡经常被流放，流放到哪儿都喜欢找禅宗的和尚考论武功去，有一天碰到一个和尚，然后说："我带了一杆秤，带了一把尺，称称你这和尚有几斤几两？这把尺子看你和尚道行深浅"？和尚"喝"地大吼一声，"苏大学士，请你拿你的称量量我这一喝有几斤几两？我这一喝的道行深浅？"苏东坡又哑了。所以临济祖说一喝不做一喝用，大吼一声有斤两吗？对有些胆小的人，却振聋发聩，吓得胆破心寒，所以佛法叫无实无虚。

"须菩提，若菩萨心住于法而行布施"，就怎么样？"如人入暗"，进了一个暗地方，则什么都见不到。若菩萨心不住法而行布施，如人有目，并且见种种色，还有日光明照。须菩提，未来之世，如果有善男子、善女人能以此经接受、持之布施，读诵，则如来以佛智慧，悉知是人，悉见是人，皆得成就无量无边功德。大家想想看这个是做得到还是做不到？佛陀怎么能知道这个人做的一些事呢？所谓如来以佛智慧，悉知是人，悉见是人，那么他跟上帝全知的差别在哪里？这里面的道理如何，我们做一个比喻，如来，诸法如其本来的样子，既然是诸法如其本来，我们就说佛的智慧，好比无边际的虚空。那么在虚空中发生的一件事，山崩了，地裂了，海啸了，大家想想看，在这个虚空中他是不是全知的？还用得着刻意去看吗？不需要，所以他不需要做任何事，因为一切都在他的心里面，在他的范围内运行。因此如来以佛智慧，悉知是人，悉见是人，知道还不算，还能见到看见。这些人，皆得成就无量无边功德。

请大家跟我合掌
愿消三障诸烦恼
愿得智慧真明了

普愿罪障悉消除

世世常行菩萨道

普愿一切见者闻者听者

远离痛苦之因、痛苦之缘、痛苦之业

普愿一切见者闻者听者

建立解脱之因、解脱之缘、解脱之业

普愿一切见者闻者听者

快乐安详得以解脱

愿一切众生

快乐安详得以解脱

愿一切众生

快乐安详得以解脱

愿一切众生

快乐安详得以解脱

2008 年 3 月，北京甘涧禅修中心讲经现场

第十五品

持经功德分

请大家合掌

南无本师释迦牟尼佛

南无本师释迦牟尼佛

南无本师释迦牟尼佛

无上甚深微妙法

百千万劫难遭遇

我今见闻得受持

愿解如来真实意

“须菩提！若有善男子、善女人，初日分以恒河沙等身布施，中日分复以恒河沙等身布施，后日分以恒河沙等身布施，如是无量百千万亿劫，以身布施；若复有人，闻此经典，信心不逆，其福胜彼，何况书写、受持、读诵、为人解说。须菩提！以要言之，是经有不可思议、不可称量、无边功德。如来为发大乘者说，为发最上乘者说。若有人能受持读诵，广为人说，如来悉知是人，悉见是人，皆得成就不可量、不可称、无有边、不可思议功德。如是人等，即为荷担如来阿耨多罗三藐三菩提。何以故？须菩提！若乐小法者，著我见、人见、众生见、寿者见，则于此经，不能听受读诵、为人解说。须菩提！在在处处，若有此经，一切世间、天、人、阿修罗，所应供养；当知此处则为是塔，皆应恭敬，作礼围绕，以诸华香而散其处。”

十二品、十三品、十五品乃至十四品的后半部分，几乎一半都说了此经的功德。前面已经讲了，初日分就是太阳还没出，用自然的光线，肉眼也能看到手上掌纹的时候。大概相当于现在四点二十分钟左右，四点二十到十点二十是初日分；上午十点二十到下午的两点二十分，是中日分；下午两点二十到六点二十，相当于后日分。印度跟中国不一样，印度属于南亚热带，每天下午，差不多六点十五左右就黑天了。而中国的地方却太大，所以很神奇，因此中国的昼夜时差大，东西部差异也大。印度地方相对还是小，比较单一。初日分、中日分、后日分都去布施，是很辛苦的。一个禅师做过一首禅诗：“若人静坐一须臾”，如果有人能静坐，哪怕时间只有很短很短的那么一须臾，“胜造恒沙七宝塔”，胜过造了像恒河沙那样多的以七宝造成的塔，“宝塔毕竟碎为尘”，宝塔无论建的多么坚固，随着无常法则的迁灭，终有一天会倒下，“一念净心成正觉”，你在一念间突破了烦恼，成了正觉，正觉就是阿罗汉了，那个功德就已经不可思量了。“如是无量百千万劫，以身布施”，以身布施，就不仅是拿钱给别人，还拿身体给别人。

在这里，我想讲一件我亲身经历的关于菩萨戒的故事。1996年底我在新加坡跟净空法师学习，刚好江苏镇江焦山定慧寺的茗山老和尚去那讲《梵网菩萨戒经》。新加坡这些华人听不懂他的江苏口音，因为我是二十七个大陆去学习的同学中唯一的一个长江以北的和尚，就我算普通话标准，那就责成我来给他同声翻译。共讲了十三个晚上，头两个晚上，老人家怎么说的，我就怎么翻译。到了第三天晚上我不敢那么翻译了，因为他讲菩萨戒就是照本来讲，菩萨戒里规定说：若有大乘同见、同学来者，来了应该，但自己家里穷，就把自己的大腿肉、身上肉割了煮了给他吃。这还不算，还要把妻子儿女都要卖了供养他。为什么？大乘菩萨道嘛。这还不是菩萨戒的重戒，只是四十八条轻戒中的一条。可他这种如实的说法，是违背新加坡宪法的，属于贩卖人口。我就只好给他改，改后老和尚还挺开心的。

那么菩萨应该怎么样？以身布施。佛陀的前生很多次以身布施。“若复有人闻此经典，信心不逆”，学道如同逆水行舟，不进则退。凡夫是顺生死之流而下，我们学道则是逆生死之流而上，所以叫信心不逆。“其福胜彼，何况书写、受持、读诵、为人解说”。这句话将来可以在我们讲《大乘起信论》的时候来看。《大乘起信论》说，“信成就处，佛祖现前”。信的极了，佛祖就在你眼前，因为你自己就是了，更何况用毛笔来写，受持读诵为人解说。

我曾做过很傻的一件事，出家前，读了《金刚经》觉得特别特别好。我认为一定得为别人解说，也是贪得功德那种心理，于是就把我弟弟抓来，给他讲，讲着讲着，他一会儿便睡着了；还把我一个大学同学抓到北京来跟我吃素，吃了三天。那种做法很极端，那个状态很狂热。所以修行人犯点傻很可爱。整天都这么的严肃，这个人只可敬而远之。像济公活佛，谁都可以和他玩玩，那济公就跟老百姓打成一片。所以中国人需要的是生活中的佛法，而不是殿堂中的佛法。但印度佛教不是的，印度它是一个注重等级的国家，四种姓制度，婆罗门教就是尊贵、崇高的，精神导师比世间的王法还要高贵。

须菩提以要言之，这个经所说的“不可思议、不可称量，无边功德”是给谁说的？“为发大乘者说”的，“为发最上乘者说”的。如果有人能够受持读诵，“广为人说，如来悉知是人，悉见是人，皆得成就不可量、不可称、无有边、不可思议功德”。这几个字大家可以查佛学词典，“不可量，不可称，无有边，不可思议”，它都是一个数学概念，像百万、万万、亿万、亿亿万、超亿万一样，是数字。

“如是人等，即为荷担如来阿耨多罗三藐三菩提。”荷，就是放在肩上，承担的意思。如果我们自己不能够广为人说，那么我们请那些能说的人给人说，是不是一种传播？我们出钱把这个金刚经印了给大家看，是不是也是一种传播？所以印刷流通，让别人分享都是好的。我还犯过傻事，不妨跟大家分享。1992 年北京还没有几间庙呢，也没有几个佛教徒，我跑到广济寺中国佛教协会流通处，买了很多经，送给这个老师、那个同学，人家都说这小子傻、有病，病得还不轻。后来一想，我得改变一下方法，我买了一堆，搁到我宿舍里，然后“不小心”在我的办公桌上露出一本。同事一翻，觉得挺好，能不能给我一本呀？借去看，行啊，但是借了之后必须要还给我啊，我就这一本很宝贵的。一开始送人，人家不开心，但是你这样子吸引他，他自己上了贼船下不来了。所以“为发大乘者说，为发最上乘者说”，但是如果说“若乐小法者”怎么样呀？“著我见、人见、众生见、寿者见，则于此经，不能听受读诵、为人解说。”

现在我们来观察佛教徒，这种小法者太多了。一听《金刚经》说应无所住而生其心，完了，这是邪道，骂你一顿；一说即心是佛，完了，这是妖魔。所以在传播大乘佛法的时候，佛教有戒律规定，要求这个责任完全在老师身上，而不在弟子身上。比如说唐太宗把皇位交给他的儿子高宗李治，高宗李治传给了武则天。那么你看从盛到持平，然后开始慢慢地衰。再看看宋徽宗、宋钦宗，也是越走越衰败，那是不是老师的责任？上一任的责任？有他的责任，老师选择把法交给一个非法器弟子，这个法器专门指一个人。结果呢，很简单，他就把它失去了，甚至给它变样了。歪嘴的和尚，把经念歪了。所以大乘佛教在传法的时候，宁可不传，宁缺毋滥。

现在好多念佛的口头禅就是，哎呀，我业障重。这句话是印光老法师讲的嘛——别人都是菩萨，我就是业障深重的凡夫，把这个当成口头禅用。阿弥陀佛正念着呢，你要是在他耳边说“哎，钱包没了。”他马上问，“真的吗？”我也经常问他们，释迦牟尼佛念哪个佛成佛的？不知道。念哪个经成佛的？不知道。诵哪个咒成佛的？不知道。释迦牟尼是打坐成佛的，这才是根本的法。所以戒、定、慧三根本学，是不可变的。戒——舍心为戒，然后因戒生定，因定开慧，因慧而断除烦恼。

你光是盲目地念佛，喊破喉咙也惘然，就是这个道理。“须菩提！在在处处”，把空间全都一网打尽了，“若有此经，一切世间、天、人、阿修罗”都应该供养，“当知此处则为是塔”。

在印度时代、佛陀时代建塔，一个是释迦牟尼的舍利建塔，另外一个是法身塔，什么叫法身塔呢？在北京有个房山云居寺，这个塔里面什么都没有，就刻这四句，“诸法因缘生，诸法因缘灭。我师大沙门，常作如是说。”这就叫做法身塔，以佛法的核心就是诸法因缘而生，诸法因缘而灭，所以这叫法身塔。那有了这个《金刚经》是不是就是塔了呢？“则为是塔，皆应恭敬，作礼围绕，以诸华香而散其处。”想想看，讲智慧的金刚经，却拿了花和香，还得作礼围绕，右绕三匝，偏袒右肩，顶礼佛塔，有意思吧？大家慢慢来想这个问题，智慧和福德到底是可分，还是不可分？

请大家跟我合掌

愿消三障诸烦恼

愿得智慧真明了

普愿罪障悉消除

世世常行菩萨道

普愿一切见者闻者听者

远离痛苦之因、痛苦之缘、痛苦之业

普愿一切见者闻者听者

建立解脱之因、解脱之缘、解脱之业

普愿一切见者闻者听者

快乐安详得以解脱

愿一切众生

快乐安详得以解脱

愿一切众生

快乐安详得以解脱

愿一切众生

快乐安详得以解脱

第十六品

能净业障分

请大家合掌

南无本师释迦牟尼佛

南无本师释迦牟尼佛

南无本师释迦牟尼佛

无上甚深微妙法

百千万劫难遭遇

我今见闻得受持

愿解如来真实意

“复次，须菩提！若善男子、善女人，受持读诵此经，若为人轻贱，是人先世罪业，应堕恶道，以今世人轻贱故，先世罪业即为消灭，当得阿耨多罗三藐三菩提。”“须菩提！我念过去无量阿僧祇劫，于燃灯佛前，得值八百四千万亿那由他诸佛，悉皆供养承事，无空过者，若复有人，于后末世，能受持读诵此经，所得功德，于我所供养诸佛功德，百分不及一，千万亿分、乃至算数譬喻所不能及。须菩提！若善男子、善女人，于后末世，有受持读诵此经，所得功德，我若具说者，或有人闻，心即狂乱，狐疑不信。须菩提！当知是经义不可思议，果报亦不可思议。”

这大概是我们一个修行人最想要的东西。我们曾经说过佛法的教学次第是信、解、行、证，这完全是从积极的、正面的层面上来说的，但是如何起信，你得首先把你的疑破除掉。又有一种说法，说的是另一个体系——修行要有什么呀？资粮道，你要想修行先得有资粮，要想上路先得有盘缠。然后是加行道，你走路远了，比如说有朋友请你到西藏走一圈儿，却发烧去不了，加行道不够。然后是见道，你真正知道路在哪儿了。再然后才是修道，最后是证道，证得了。那么无论是先信，还是先要有资粮道，都先应该破除修行的障碍，叫“五盖”：贪欲、嗔恚、睡眠、掉悔、疑。来自于色法，就是纯粹物质世界对我们的障碍，纯粹来自精神世界的受、想、行、识，给我们带来的干扰，都会让我们有修行的障碍。所以你看这个经很好，如果善男子善女人受持读诵此经，结果却被人轻贱，怎么样？“应堕恶道”，这就叫做重报轻受，比如说坦白从宽、抗拒从严就是这个道理。你做了错事，有一颗勇于悔改的心，佛法中“世间无可弃之人，世上之物无可弃之物，因为一切众生皆有佛性”，说的就是这个道理。所以为人轻贱不可怕，“先世罪业，应堕恶道，以今世人轻贱故，先世罪业即为消灭”，不但罪业消灭了，还能够因为修学此经当得无上正等正觉。

所以达摩祖师从南北朝时期来到中国，到了中国一直以《楞伽经》印心，之后把四卷本的《楞伽经》交付给二祖慧可，二祖慧可交付给三祖僧璨，三祖僧璨交付给四祖道信，道信交付给五祖弘忍，到五祖弘忍不再用《楞伽经》来印心了，而是改成了《金刚经》。所以《金刚经》更加被中国的禅宗所推崇、所推重。

“须菩提，我念过去”，以自己的现身经历说法，这就叫做“证转法论”，跟刚才说的“于五百世作忍辱仙人，歌利王割截身体”一样，这都叫“证转法论”。佛在讲法时跟我们讲法不一样，我们讲法的时候大家是靠想象力想，而过去五百世，佛的讲法，因为有无量神通，波罗蜜，神通波罗蜜，他一讲，大家就会看到，为歌利王节节割截时的情景。咱们一讲到这儿就想，一想就不可信，因为咱们看不到。所以最大的不同就在这儿。

“于燃灯佛前”，我们中国汉地供养燃灯佛的很少，北京就一家，在通州葫芦湖里边有一个燃灯塔，现在归一个工厂所属，很希望能把它恢复为佛教活动场所。“得值八百四千万亿那由他诸佛”，“那由他”是无量的意思。“悉皆供养承事”，供养还不算，“承事”是什么意思？人家要喝水他就给拿水、要穿衣就给拿衣服，在身前照顾他，这叫做“承事”。“无空过者”，没有漏过一尊佛，这个功德大不大？太大了。“若复有人，于后末世，能受持读诵此经，所得功德”，跟我所供养诸佛所得功德相比，受持此经的功德更大更大。“百分不及一，千万亿分乃至算数譬喻所不能及。须菩提！若善男子、善女人，于后末世，有受持读诵此经，所得功德”，如果“我若具说者”怎么样？一般的经里边这里会说穷竭不尽，也就是让使无量的时间讲这个功德都说不尽，“或有人闻，心即狂乱，狐疑不信”。狐疑不信也就罢了，心还狂乱，这就是福报还不够，智慧的累积不够，但是不能轻贱这些小根与小器者，要等待他成熟，等待他成长。须菩提，要知道这个经其中的寓意不可思议，修学此经的果报也是不可思议的。

请大家跟我合掌
愿消三障诸烦恼
愿得智慧真明了
普愿罪障悉消除
世世常行菩萨道
普愿一切见者闻者听者
远离痛苦之因、痛苦之缘、痛苦之业
普愿一切见者闻者听者
建立解脱之因、解脱之缘、解脱之业
普愿一切见者闻者听者
快乐安详得以解脱
愿一切众生
快乐安详得以解脱
愿一切众生
快乐安详得以解脱
愿一切众生
快乐安详得以解脱

第十七品

究竟无我分

请大家合掌

南无本师释迦牟尼佛

南无本师释迦牟尼佛

南无本师释迦牟尼佛

无上甚深微妙法

百千万劫难遭遇

我今见闻得受持

愿解如来真实意

尔时，须菩提白佛言："世尊！善男子、善女人，发阿耨多罗三藐三菩提心，云何应住？云何降伏其心？"佛告须菩提："善男子、善女人，发阿耨多罗三藐三菩提心者，当生如是心：我应灭度一切众生。灭度一切众生已，而无有一众生实灭度者。何以故？须菩提！若菩萨有我相、人相、众生相、寿者相，则非菩萨。所以者何？须菩提！实无有法发阿耨多罗三藐三菩提心者。须菩提！于意云何！如来于燃灯佛所，有法得阿耨多罗三藐三菩提不？""不也，世尊！如我解佛所说义，佛于燃灯佛所，无有法得阿耨多罗三藐三菩提。"佛言："如是，如是！须菩提！实无有法如来得阿耨多罗三藐三菩提。须菩提！若有法如来得阿耨多罗三藐三菩提者，燃灯佛即不与我授记：汝于来世当得作佛，号释迦牟尼。以实无有法得阿耨多罗三藐三菩提，是故燃灯佛与我授记，作是言：'汝于来世当得作佛，号释迦牟尼。'"

我们返回来看经文，善现启请分第二，第四行，"世尊！善男子、善女人，发阿耨多罗三藐三菩提心，应云何住？云何降伏其心"。这里"云何应住，云何降伏其心"。颠倒了一个字是吧？"应云何住，云何降伏其心"，有没有差异呢？很奇怪，讲《金刚经》讲来讲去又完全重复了。我推荐大家看看一个美国老居士沈家桢写的《金刚经的研究》，他把这两个研究得很透，为什么前边叫"应云何住"，这里却叫"云何应住"？推荐大家学习，知道一个方法，人家是怎么看的，但是我个人又觉得没必要，因为它真正的目的是体现"诸佛妙理非关文字"，白纸黑字仅仅载道，载道的目的是干嘛？让你去体解大道，在字面上抠它的意思，那就完全背道而驰了，这个应交给广大的佛教学者去做，不要交给我们修行人来做。如果修行人来做了，在这儿狐疑不信，心即狂乱。上来先要傻一点点，管它“应云何住”还是“云何应住”，我盘上腿儿就这么住，有妄想接受妄想、有杂念接受杂念。接受它，就这么简单，如是降伏其心。好了，这就是佛告诉须菩提，善男子善女人，发这个无上正等正觉心的，当生如是心。

我们再回来看，这里是“当生如是心”，那前边呢？“发阿耨多罗三藐三菩提，应如是住，如是降伏其心”，也就是说应当生这样的心：“我应灭度一切众生。灭度一切众生已，而无有一众生实灭度者。”灭度，让他的烦恼止息，到达智慧的彼岸。灭度了一切众生，却没有一个众生灭度，这个有没有意思呀？太有意思了。一个人如果能做到这样子，他没成佛也就是佛了，他虽没有成佛，可他的境界已经在佛的境界了。“何以故？须菩提”，如果菩萨执著“有我相、人相、众生相、寿者相，则非菩萨”。为什么？须菩提，实在说并没有一个具体的方法、具体的道路、能发无上正等正觉心的人，须菩提你又怎么讲呢？难道说，释迦牟尼如来，在过去无量的这个时间之前，在燃灯佛前还是个修行人的时候，有法得到阿耨多罗三藐三菩提吗？没有，世尊，如我解佛所说意，佛在燃灯佛所，是没有一个实在的法得无上正等正觉的。佛说，是呀是呀，就是这样子，须菩提，实在没有一个法得到无上正等正觉。须菩提，如果说有一个实实在在的法得到无上正等正觉，那么“燃灯佛则不与我授记”，什么叫做授记？就是预言。那时候有一个著名的诺查丹马斯大预言，后来在2000年的时候，有一大批网络高科技分子又在网上发表言论，说上帝是最后一次派彗星来接应人类，所以这一次必须抓住彗星的尾巴跟着走到天国去。因此那一时间美国、日本利用网络进行集体自杀的超过了五十人，那时候网络远没现在普及。这些预言建立在什么上呢？比量认知。比量认知就是根据以往累积的经验，然后得出结论——将来大概也会如此。这里有一个很大的历史规则可寻，开创者偃兵修文，与民生息，接着开始振奋疆土，然后破败，再然后中兴，中兴破败，最后改朝换代。根据这个经验，所以三国演义说天下大事合久必分，分久必合。但是毛主席说不是这样子的，可以找到一个方法，让我们可以长期地合下去。毛主席真的很了不起，把中国人从一个长期动乱征战的状态中安定下来。

但是佛的授记不同，是现量认知，现前、实现、现实的意思，他是直接看到，这种认知是不会变化的，所以比量认知可变，现量认知却不可变。所以燃灯佛就对当时的释迦牟尼——这个行者，当时还不叫释迦牟尼佛呢，说：你未来能够做佛，佛的号叫做“释迦牟尼”。

何以故，如来者，即诸法如义。若有人言：如来得阿耨多罗三藐三菩提，须菩提！实无有法佛得阿耨多罗三藐三菩提。须菩提！如来所得阿耨多罗三藐三菩提，于是中无实无虚，是故如来说一切法皆是佛法。须菩提！所言一切法者，即非一切法，是故，名一切法。须菩提！譬如人身长大。”须菩提言：“世尊！如来说人身长大，即为非大身，是名大身。”“须菩提！菩萨亦如是。若作是言：我当灭度无量众生，即不名菩萨。何以故？须菩提，实无有法名为菩萨。是故佛说：一切法无我、无人、无众生、无寿者。须菩提！若菩萨作是言：我当庄严佛土，是不名菩萨。何以故？如来说庄严佛土者，即非庄严，是名庄严。须菩提！若菩萨通达无我法者，如来说名真是菩萨。”

“何以故”，为什么燃灯佛给释迦牟尼佛作授记呢？“如来者，即诸法如义”。诸法，是被看得见、摸得着、能够被我们认知的，这叫做诸法。那“如义”是什么意思呀？世间上有没有离开理的事呢？黑格尔说“凡存在的即是合理的”，也就是说没有离开理的事存在。那有没有离开事的理呢？凡一事必有其理，中国儒家讲“有其事则必有其理”，西方讲“有其理必有其事”，所以东西方的一切圣贤在事与理的认识上没有差异，只不过从不同的角度阐述同一个事情。比如做梦这件事，黑天做的梦有“周公解梦”，那白天做的梦呢？都是梦嘛，所以又有一种修法专门叫做“梦中的禅定修法”，随时让自己观法如梦。因此说理事是互相离不开的。“若有人言”，如果有人说，如来得阿耨多罗三藐三菩提了，须菩提，实在没有一个法佛得阿耨多罗三藐三菩提。“须菩提，如来所得阿耨多罗三藐三菩提，于是中无实无虚”，说有不对，说无不对，说实实在在的有不对，说实实在在的无也不对，叫做“离四句绝百非”。说有不对，说无不对，说既有既无不对，说非有非无还是不对，那到底怎么才对？禅宗就是这样，就是这个无实无虚。其实参禅蛮有意思的。为什么后来参禅的人那么多，因为它实实在在是一个生命的最大的游戏。不到北京不知道官之多，不到北京大学不知道学者之多，但是找个祖师却是好难。所以祖师从哪里来呢？从生命的心灵的游戏中来，修行就是个游戏，你要去找生命的实相，去把握生命的实相，所以苏东坡呀王安石啊这些人都说，佛法“上智者不能不信”——这个东西太奥妙了，你只有信，不信不行。下愚者呢？“不敢不信”，不信也不行。所以佛教是针对一切根性的人，佛法叫“万类同受，三根普被”。“万类同受”，像一个杂货店一样，不管你什么样的根性，在佛法里，都有他可以选购的那个部分；又说“三根普被”，所有的根器普遍地都能够享受到，上上利根之人，下下弱钝之人，中等的一半智一半愚的人，都有他的市场和空间。

“是故如来说一切法皆是佛法”。问题来了——一切法都是佛法，假如咱们每个人都带个面具，打劫去，是佛法吗？为什么这个也是佛法？孔老夫子说“三人行则必有吾师焉，择其善者而从之，其不善者而改之”。所以孔老夫子的教法和释迦牟尼的教法很相通。一切法皆是佛法，慢慢体会。“若见诸相非相即见如来”，如来者，诸法如义，全是说的一个道理。

“须菩提”，你看，“所言一切法者，即非一切法，是故，名一切法”。打劫法是佛法吗？你看，盗亦有道。禅宗的教育方法就是盗亦有道。有个故事，说一个小贼跟老贼学偷，老贼从来也不教他。有一天小贼拿着斧头截住老贼，

“老爸，教我。”“干嘛教啊？”“你老人家要死了，后继无人，我怎么继承家业怎么谋生呀？”“好，择个吉日。”于是月黑风高的一天，父子二人到了一个大户人家，从一个狗洞钻进去。进去后，老贼把小贼搁在衣柜里，说你等一下，我去去就来。出去后老贼喊：“有贼了有贼了。”“贼在哪里呢？”“贼就在这个小姐的房间呢。”于是大户人家的家丁赶紧就去小姐房间，小贼在里面吓死了，“老爸什么意思呀？”看来指望老爸不行了，小贼就学老鼠叫……人家一听，这是老鼠叫，贼不在这儿，就到别处去了。小贼赶紧跑出来，家丁听到有声音，就追过来。刚好有口井，小贼把一只鞋脱在井边上，把衣服一脱，弄个石头扑通丢进去了，家丁说贼掉井了，还有一只鞋呢。然后小贼光着上身跑回狗洞，他爸爸却拿棘篱把这个狗洞给堵上了，这时候怎么办呢？上半身光着，头发又乱着，这可麻烦了。小贼一看没有地方可以藏身，只有一个大便桶，他赶紧把大便桶往外一倒，从底儿一捅，咚，钻出去了。回到家里一看他爸爸正在那儿笑眯眯地喝酒呢，小贼问：“怎么回事呀？你怎么那么害我呢，你可是我亲老爸呀。”老贼说，“你不是要跟我学做贼的技术吗？”“是啊，那你也不能这么害我啊！”“你看你不是已经出徒了吗？”

禅宗就是这样的教育方法，有时把你逼到死路上、绝路上，叫“悬崖撒手，绝后再苏”。日本的禅宗就是，每天把你打得半死，还得越打越开心。日本人把禅法带到美国去、西方去，那些老外居然也接受，不打还不过瘾。禅宗的生命力就在此，没有一个固定的方法，无实无虚。“所言一切法者，即非一切法，是故，名一切法。”须菩提，如果有人身体又长又高又大，须菩提说，是的。如来说，人身长大即非大身是名大身。须菩提，菩萨应该怎么样？“亦如是”，菩萨应该无实无虚地来修这一切法。“若作是言：我当灭度无量众生，即不名菩萨”。所以我们现在有一类佛教徒，问他在干吗呢？他会说在度众生呢。想想看，他认为自己在度众生，就已经不是菩萨了，根本就没有众生可度。我也经常给我的一些出家徒弟讲，谁让你度啊？你想想，你出家你的父母都反对，还让你度？你的亲戚朋友、邻居、同事，谁让你度啊？你说这些信徒来到庙里给你磕头烧香让你度，没那回事。“迷时师度，悟了自度”，老师只是告诉你个方法，佛不手洗众生罪，也不会代众生受苦，佛唯说清净法，令众生自己解脱。老师只是一个向导，只是一个开药方的医生，他不能替你服药，不能替你走路。所以佛陀给自己的定位，我如良师、良医、知病说药，我如向导引导正确的方向，我引导但是绝对不替别人走，这就是佛陀。

“何以故？须菩提，实无有法名为菩萨。”实在没有法，名为菩萨，连菩萨法也没了，“是故佛说：一切法无我、无人、无众生、无寿者”。一切法，包括了生命，我、人、众生、寿者，也包括了无生命的。坚硬的岩石能认为自己是坚硬的岩石吗？泥土能认为自己是泥土吗？流动的液体能认为自己永远是流动的液体吗？当冬天来临时流动的液体成了冰，当磕头机到山上去开凿时坚硬的岩石也许变成了粉末，所以都没有一个恒长的主宰性。既然没有一个恒长的主宰性，当然在我的基础上对立建立的人相就没有了，然后自他对立，二者多元，形成的众生相也就是没有。既然是这一切都没有，当然你说时间的相似都是虚幻的，很虚幻。无我人，无众生，无寿者，须菩提，如果菩萨又作这么说了，“我当庄严佛土，是不名菩萨”，佛土是要你庄严的吗？还是佛土本来就神圣庄严呐？本来就是庄严的，所以《维摩诘经》上说“随其心净则佛土净”。山高则随其高，水低则随其低，高就高处坐，低就低处行，有没有差异？没差异。所以本来平等，高低是我们人为的规定性。

“庄严佛土，是不名菩萨。何以故？如来说庄严佛土者，即非庄严，是名庄严。须菩提！若菩萨通达无我法者，如来说名真是菩萨”。通达无我法者，也就是我执与法执，他都通达了、消灭了，既没有我执也没有法执。我们的执著有两种，叫俱生我执与后天熏染的我执，也有俱生的法执与后天熏染的法执。什么叫做俱生我执呢？与生俱来的，比如婴儿生下来就会哭。后天熏染的我执，顾名思义，受环境的熏陶和感染而形成。包括我们的知见，学问、道德、伦理乃至我们整个的有政府与无政府，虚无与存在，所有这些全都是后天熏染的法执。断除我执与法执，至于说先断俱生的还是先断后天的，这个因人而异，没有一个固定的标准。

问：**请教师父，解与证之间相隔的有多远？**

答：就像太阳和地球那么远。为什么这么远呢？因为只解不去证，就永远也到不了，但是你如果解一分就去行一分，是不是就像左手和右手那么近？这个距离是真是假？其实是虚幻的，不存在远近，解了马上就去行，行了自然就证了。

比如当下清洗这个杯子，你明白了要用一个有效的方法清除这个污染，这是你明白了，但是你用的方法不得当，应该用洗涤灵、用抹布，但你却用了别的东西，结果越擦越脏，方法不对就不行，所以方法要正确。那么理解的正确、智慧的正确是当下的，你清一分它就光明一分，你随清它就随光明，当所有的污垢去除了，光明就彻底恢复本来了，所以叫当下、同时的，但是必须是行解相应，两个必须是同步的。

问：**有可能用时间量化吗？**

答：想要用时间量化的一定是学数学或学物理的。心性的改变非时间和空间可以量度，所以想要量化的佛教方法，都可以打个大大的问号。这些方法号称不管什么样根性，打坐一千个小时，就能够得到初果阿罗汉，胡说八道。说念一个咒子就可以得到一个什么结果，胡说八道。心性的本体无大小、无方圆、无青白、无颜色可以去量，无大小体积可以去框范的，所以那些都不能量化，量化了一定有问题。但是又反过头来说，对于一种心力极弱而又本身很懈怠的人，需要一个量化，为什么？因为他需要一条拴狗的绳子，得强行遛着他才行。所以佛教所有这些修行方法给你制订一个量化的修行，就是针对本身很懒惰而心力不强的人安立的，就像遛狗的时候绑着小狗不能去随便咬人。又像牧童牧牛，拿个鞭子，听话就牵着走，不听话就抽一抽，等到把牛训练纯熟了，鞭子就丢掉了，牧童都可以坐在牛背上吹笛子了，那就是牧牛图。

问：第十七品须菩提的发问和第一品发问有什么区别？

答：我刚才已经推荐了美国居士沈家桢写的《金刚经的研究》那本书，有什么区别？在我看来，没什么太大区别。

问：请师父讲一下您证悟的过程和证时的感受。

答：我有一篇博客文章，讲的是关于六道轮回的事情。那是在 1992 年的五一，我那时关节炎很厉害，就去承德一个叫平泉的地方去泡温泉。那还是日本人侵华时期修的一个温泉。实际上就一个小池子，水就这么一点儿深，越泡我上身越冷，于是就离开了。我故意没走县城的大路而是走一个大山路，那时候正一直在想六道轮回的事情，虽然还没有信仰，但是我就在想着六道轮回，怎么也想不明白。说是有鬼，我从来没有见过，不信；说有天人我也不信，什么都不信，走着走着我迷路了，只好推着自行车，上了那个山顶。下午三点左右，我记得很清楚，在五一的时候南方早已春花烂漫了。我们老家冷，通常阳面花开了，但是阴面雪还没化净呢。可是我看见雪中的映山红全开了，紫色的、红色的、粉色的……突然那一刹那，就我自己在大山顶上，轮回我竟明白了。当时我狂喜得不得了，把自行车一丢，跑到雪中，采了大捧映山红，就那一下子好像我明白六道轮回是怎么回事了。你看，绿树归绿树、小鸟归小鸟、微风归微风、山花归山花、白雪归白雪，一切俨然现前，所谓轮回就是怎么样？变化而已。只不过这个能的载体，质、形象变了，但是那个东西本体，没有增、没有减、没有垢、没有净，一下子《心经》上说不垢、不净、不增、不减、不来、不去，让我心里特别通透，特别开心。一路推着自行车，连滚带爬地下来，一点都不觉得烦恼，这是一次经历。还有一次是 1999 年在怀柔响水湖长城。我刚从中日友好医院出院，胃出血，于是到那里去养病。我那个山上没有电，新开的景区就五间破房子，一口大炕，一口锅。我也什么都没带，每天就是打坐。从长城顶上看过去，七八重山之外也很巍峨，于是天天看。突然有一天，在下午的山顶上，看到了一大片云彩。你就看那个云彩，聚聚聚，不知道从哪来，越聚越壮观，莫名其妙地又一下子消失了，无所从来亦无所去，无所从来，你不知道从虚空中哪里生的云彩，也没有办法去测量它的高度；也无所从去，我一下子就有了一种感悟，那心念呢？心没有来处，也没有去处。发现心念也是如此，当时就特别狂喜，马上下山给南先生打电话。因为这个问题我没有办法请教别人，他在香港，就约我到香港去见他。所以从那之后就蛮开心的了，至于是不是证悟吧，我也不敢说，一点儿感悟而已。

问：证了之后是否还有迷的时候？

答：有。被烦恼压得不想玩的时候就迷了，还是有的，叫悟后迷，还是有的。

问：修行到什么程度会出现各种神通？传说中的各神通可证吗？

答：有的可证，有的不可证。在修禅定的状态下专门可以来修神通，但是神通是修行的副产品，不是修行的目的。可是气功、特异功能大师把神通当成道果，大错特错，本末倒置。如果说用神通和智慧来比较，神通就是一棵万丈高树上那一片枯黄的烂叶子，那就是修行的副产品，所以佛在《楞严经》给这些所有追求神通的修行人也授了记，叫什么记？弟子与师均陷王难，全都会被法律所制裁。所以佛陀以佛眼观之，以他慧眼观之，他是现量认知，所以没有变化，三千年来一向如此。

问：听了您几天的讲解感觉很好，但是没有具体的问题要问，没有问题是否就是最大的问题？

答：唉，这叫“菩萨不开口诸佛难下手”。当年暹罗也就是现在的泰国不想朝贡，拒绝向这个宋朝纳贡称臣，便派了使者来说我设一个问题，如果你大宋能回答得了，我就称臣纳贡，没有，我贡品带走，我也拒绝以附属国来自称。当时的皇帝赵匡胤就想了一个高明的办法，让一个卫队里边最笨的一个人去应对。人家问，如何是佛法？他伸出个指头，哇，那个人说高啊，中原确实有高人。实际上这武士是说，我一概不知，但是他拒绝跟他辩，于是他伸一个指头。然后使者又问，那么中原的佛法和我们泰国的佛法有什么差异呀？他就一摆手，意思是哎呀别问我，这么高深的学我哪里知道呀，然后使者说哎呀你真是明白，你看有即是无，无即是有。问题就被武士这样化解了。你没有问题说明你正在思索，但这思索，思而没有透，在那个惘然的状态，有点开窍，但是又没有全通，就是这个境界，所以还得继续往上走。

问：那请问师父一个凡夫如何能皈依成为居士，如何才能成为一个合格的居士，一个居士到什么时候可以像您一样讲法，如何皈依师父您？

答：太好了，这个问题我很愿意回答。一个凡夫如何能皈依成为居士？任何一个人只要他愿意，都可以成为居士。居士的意思是居家学佛之士都叫居士，所以任何一个人只要愿意都可以成为居士。

如何才能成为一个合格的居士？成为一个居士很容易，皈依佛、皈依法、皈依僧，三句就可以了，你已经就是居士了。但是要成为一个合格的居士，五戒是安身立命之法——不杀生、不偷盗、不邪淫、不妄语、不吸食麻醉品，才是合格的居士。

一个居士到什么时候可以像我一样讲法？出家呀，肯定的，真心觉悟对不对，佛法的弘扬到底是靠大学教授弘扬还是靠和尚弘扬更有特色？大学教授的身份来出家做和尚才好，对不对？我的亲身经验是，很多人瞧不起和尚，形容和尚为“五失之人”，失职，失业，失恋，失意，失趣，趣味的趣。一般人认为这五失之人才有资格做和尚，但实际上当凡夫知道，哇，原来他是某某大学的教授、某某大学的高材生出家做和尚了，就肃然起敬。很有意思。

一个乞丐成为佛，大家不会信他，但释迦牟尼从一个太子成为佛，大家都接受他。所以每一尊佛在选择出家的时候，投胎的那个时候，他都选择出身的那个家族，他选择地位呀、名望啊、德行啊，这个是不是积善之家呀，所以佛陀选的全是这样，所以叫“八相成道”，每一尊佛来到人间，有八个共同的相，其中就是出家这个相，就是选择出生的这个家族很重要的。

那如何皈依师父？我有三个标准，简称“奘三条”。第一个，合法月收入的百分之一无条件的服务回馈社会，容不容易？特别容易，连在校大学生也做得到。百分之一，家里给你寄一百块钱，少吃一根冰棍也省出一块钱了，一定要坚持每月去做，提醒你每月要有责任，为社会、为他人负责任。第二条，每周三个小时，以身布施，做义工服务社会，也很容易，是吗？必须得去做。第三个条件，每天打坐十五分钟，这个打坐不准看经、不准听音乐、不准冥想、不准做这个任何瑜珈动作，就是闭目打坐，完完全全的，不知道大家认为容不容易。

这“奘三条”我“骗”了很多的人，人家乍一听哎呀奘师，太简单了，但我的入学条件有点像美国的大学，进去很容易，做起来很难很难。为什么难？打坐容易，坚持就好，每天十五分钟，一旦你愿意了很容易做到。每月收入的百分之一去服务别人，也很容易，但是最难的是第二条，你到一个饭店去代替门童去，估计会引发社会问题，你代替他三个小时，也许这个门童被开除，这是社会问题。一个人的自我，我执与法执，都是难的。你只有身体力行才知道，有的时候你抱着一腔热血去服务别人，人家却把你骂的狗血喷头。但是我相信只要你愿意就是很容易的。

问：师父，如果在日常生活中容易生起嗔心该怎么办？尽管知道自他不应有分别，但是自动就生起分别心了，该怎样修行来改正？

答：我问你是男众还是女众？（纸条提问）女众。你随身总背着一个化妆包吧，带一个小镜子，一生起气的时候，先别指责别人，先别沮丧着惩罚自己，先拿那小镜子照照。哎呀，我这么丑，是因为生气才丑还是我本来就丑，我本来很漂亮的，怎么一生气就这样子，母夜叉一样。但是不能照久，不要超过五分钟，千万不要超过五分钟，超过五分钟会开始绝望。这个方法很有效。所以你们看我那“清净行提唱”里边，有一个和平协议书，兄弟之间、夫妻之间、姊妹之间、同学之间，签订一个和平协议书。一旦对方让我生气、我让对方生气，我们保证不让这个生气过到第二天去，一定当场解决。但是万一有一方很生气，尤其夫妇吵架，怎么办？赶紧看看和平协议书，当年是怎样签定的，退一下，不要把这个嗔恨往下推延了。然后随着修行的深入，慢慢地会了解，所有的痛苦、烦恼，完全来自于我自己，跟外界跟他人毫无瓜葛，这就是一个修行人。所以看《金刚经》里忍辱仙人被歌利王节节割截，没有我相、人相、众生相、寿者相，如果有我相、人相、众生相、寿者相就会生出嗔恨，你无我了，自然就没他了，对不对？没有他了，又有谁让我烦恼呢，“士为知己者死，女为悦己者容”，我因为喜欢我的人不喜欢我了，我就绝望了，是吧，都是为他。

问：**请问现在的中国佛教与佛教刚传入中国之时佛教有何差别？**

答：哎呀，有巨大巨大的差别，巨大差别就是清规、戒律的双轨制，也就是中国特色的佛教。什么叫清规、戒律的双轨制呢？在印度的佛教，只有佛制定的戒律，没有所谓的清规，无论是根本戒、微细戒，还是方便戒，都是佛陀制定的，国王、政府没有做任何改变，这个祖师们只在法义上有阐述、有发展、有不同，在戒律上没有什么差异。但是来到中国了，比如说印度教，托钵乞食，但是汉明帝把奢摩腾、竺法兰请到中国来，来到洛阳，把自己读书的清凉台舍给他们，称为白马寺，皇帝请来的国师怎么能去做乞丐呢？绝对不允许。好，接受供养，吃饭问题从托钵乞食变成接受供养；住所上，因为印度热，人都是随便走，哪里都能住，那到中国得定居，有了寺嘛，就定居；然后慢慢地发展了清规，原来比丘是不能做劳动的，好多活是不干的，比如种地。但是到了唐代《百丈清规》一确定，一日不做，一日不食，彻底地给改造了。比如托钵乞食，早晨一餐，中午一餐，过了日偏午便再也不能吃任何带渣的东西，渴了可以喝水。但是来到汉地从梁武帝开始吃素、吃三餐、吃宵夜，所以有了各方面的改造。

然后在原始的佛教里没有这么多的礼仪，一个弟子来跟师父出家，好，师父也不需要你改什么法名，你原来叫什么就叫什么，没有起法名这一说。但中国的礼仪很重，不但有族谱还有一个家谱，念经方式也完全按照中国的上朝制度来规定，在印度没有念经这一说，就是打坐，要念得非常简单，就是每天托钵的时候跟大家说四句话，二十个字，“所谓布施者，必获其利益，若为乐故施，后必得安乐”。有的时候更加简单，叫“善哉！善哉！”“Sadhu！ Sadhu！ Sadhu！”三声够了，这就是一个比丘。但到了中国，你看我们念经，文臣在这边，武将在那边，然后佛在中间，跟皇帝上朝有没有两样？完全是礼仪化的，现在的佛教已经是被中国彻底改造过了的，已经跟原始佛教、跟印度佛教有了很大的不同，无论从形式上、从法义上、从教团的组织、从教育的阐述、从经典的传承、从僧人的形象、从饮食的规定完全都变了。但是有一个根本不变的，就是戒定慧，这个没有变过。中国人太聪明了，把佛的戒用祖师的清规供起来，所以我们现在寺庙的管理办法、僧团的日常生活方式用的是清规而不是戒律。我们的戒律基本是供起来，如果按照印度的戒，那我们现在和尚几乎百分之九十九点九都在犯戒，所以我们用的是清规。

我“非典”前在泰国，带了一个手表，那南传的和尚一看我这样马上跟我比划，我知道他的意思，赶紧摘下来搁兜儿里，哎呀，特别不好意思。“不执持金银宝物”嘛，南传的和尚他不拿钱也不带这些东西的，戴这个金属的表，不可以的，犯戒了。下车后，陪我的一个是曼谷的女弟子，还一个是香港的女弟子，两人给我做翻译，一下车她俩走在我前边，那个泰国的和尚马上要我走在前边，她们俩不但要离开我走在我后边，还要离开我一米之外做翻译，如果她俩走在我前面也离着一米之内，那么南传和尚马上指着我，搞得我也怪不好意思的。所以我们这里很多是清规，而不是戒律。

请大家跟我合掌

愿消三障诸烦恼

愿得智慧真明了

普愿罪障悉消除

世世常行菩萨道

普愿一切见者闻者听者

远离痛苦之因、痛苦之缘、痛苦之业

普愿一切见者闻者听者

建立解脱之因、解脱之缘、解脱之业

普愿一切见者闻者听者

快乐安详得以解脱

愿一切众生

快乐安详得以解脱

愿一切众生

快乐安详得以解脱

愿一切众生

快乐安详得以解脱

2008年3月于北京甘涧禅修中心讲解《圆觉经》现场

第十八品

一体同观分

请大家合掌

南无本师释迦牟尼佛

南无本师释迦牟尼佛

南无本师释迦牟尼佛

无上甚深微妙法

百千万劫难遭遇

我今见闻得受持

愿解如来真实意

“须菩提！于意云何？如来有肉眼不？”

“如是，世尊！如来有肉眼。”

“须菩提！于意云何？如来有天眼不？”

“如是，世尊！如来有天眼。”

“须菩提！于意云何？如来有慧眼不？”

“如是，世尊！如来有慧眼。”

“须菩提！于意云何？如来有法眼不？”

“如是，世尊！如来有法眼。”

“须菩提！于意云何？如来有佛眼不？”

“如是，世尊！如来有佛眼。”

“须菩提！于意云何？恒河中所有沙，佛说是沙不？”

“如是，世尊！如来说是沙。”

“须菩提！于意云何？如一恒河中所有沙，有如是沙等恒河，是诸恒河所有沙数，佛世界如是，宁为多不？”“甚多，世尊！”佛告须菩提：“尔所国土中，所有众生，若干种心，如来悉知。何以故？如来说：诸心皆为非心，是名为心。所以者何？须菩提！过去心不可得，现在心不可得，未来心不可得。”

这一段，一体同观分，有的时候也是佛教中神通的一个很重要的标志，我们修行修来修去，起码在我们没有全面、正面、圆满地了解佛教的时候，我们都以为佛是什么样的？绝对是一个最强的超人，顶尖级的超人，他什么能量都有，什么本领都有，是吧？比如你给他磕三个头保佑你一年平安；有的人死了，他能起死回生；有的人穷了，磕个头烧香供养供养，上上供，然后就能发财。很多人都是这么认为的。在我们一般没有正面了解的时候，就是这样。这里面我们看看，佛所说的五眼都是什么东西？如来有肉眼不？有，为什么如来有肉眼而不是有鸡眼？佛是在鸡中成佛还是人中成佛？因为佛在人中成佛，所以就必然的人应该有的一切他都有，这也是佛法的特殊殊妙之处，让我们普通人能够生起最大的信心。因为佛陀他是从一个普通的凡夫修行证道成为佛陀觉者，然后我们可以见贤而思齐，他能做到的我们也能做到，所以佛陀有肉眼。那么如来有天眼不？当然有天眼。什么叫做天眼呢？佛教讲三明六通。六通是天眼通、天耳通、他心通、宿命通、神足通和漏尽通。一般人修行打坐最容易生起的就是天眼通。坐到这里你说看到一个影像，又没有睁开眼睛，但是这个影像又不是幻像，若有若无，大家有没有过这个感觉？甚至你没有打坐，也能有这个感觉，好像某种事完全在眼前一样，这就叫天眼。

我的老师公是高闵寺虚云老和尚，他老人家一生真叫受尽九磨十难，活了一百二十岁，经历了四朝五帝，什么苦都吃过了。他要去扬州高闵寺打禅七，结果走到岸边上，山水突然暴涨，洪水一下子就把他裹在里面，竟然没有死，被打鱼的给捞上来了。人家一看，这不是山上的和尚嘛，就把他送到庙里来，和尚把泥巴从他的嘴里、鼻孔里抠出去，做了人工呼吸老和尚竟然活过来了。活过来就到高闵寺打禅七。后期的佛教禅宗规矩可能是最多的，寺里知道虚云老和尚的德行很深，名望也很高，就请他做执事，他不干，不干呢就按禅宗规矩打，用香板打。而那个时候他刚被救上来不久，身体还没有复原，小便都便血。他也没有说他的身体情况，他就挨打，打完了便血更加厉害，但仍旧打坐。禅宗打坐叫告生死假。如果在禅堂里就死掉了，是非常光荣的。有人死得重于泰山，那就是在禅堂死的，有的人死得轻于鸿毛，那就是在烦恼中死的。这样坐到大概第三个礼拜之后，整个身体通透了，所有病都没了，小便便血也停下来了。到了第五个礼拜，夜间那个时候，那个时代晚上是点蜡烛的，他去小便，突然清清楚楚地看到码头上上船、下船的、背圆包的、背麻袋的，他立刻知道这是开了天眼了。因为码头离寺院离得好远好远，但是他并没跟任何人说。到了他一百一十多岁的时候才开始跟人家说，已经是他得到这个神通五十年之后了。天眼通，如睹白昼。

佛陀有一个堂弟叫阿那律，后来也跟佛陀出家了，他很懒，一听佛讲法就会睡着。佛陀有一次骂他："哎呀！像你这样子要出家，还修什么道呀？将来就做猪吧！"因为贪睡的人将来就有可能做猪，是指下一生，不是指这一生，有可能。因为依照这个生命业力的走向，贪睡嗜睡，就会感应是那样的一个报应之身。于是阿那律就发愤图强，结果精进得眼睛瞎了。但是，佛陀教给他一种"火光智慧三昧"的修定方法。结果他观察我们这个三千大千世界就像看手中的一个小苹果一样清楚。肉眼虽瞎了，但是他天眼却很厉害。

现在我们如何来区分正常的天眼与仅仅是特异功能的天眼呢？天眼通，佛教有、婆罗门教有、印度教有、耆那教有、道教有、乃至练特异功能也可能有，这是共法。但是佛教特有的"天眼明"是不共法，不共就是他们只有这个神通，却没有明，"明"是什么意思？"明"就是可用可不用，他要是用就有，不用他也不显摆，这就是"明"。

"如是，世尊！如来有天眼。""须菩提！于意云何？如来有慧眼不？"大家都知道慧眼才能识英雄。没有伯乐的慧眼哪有千里马，蔺相如不惜把和氏璧砸了也不让秦王得到，这就是慧眼。特殊的技能也是慧眼之一，好比说中国话叫"七十二行，行行出状元"。中央台好像播过一档节目，讲的是内蒙古的一个警察，仅看一双脚印，就能抓住罪犯，判出这个案子来。他就有这个慧眼，一看脚印就知道这个犯人身高是多少，体重多少，心态什么样。那心态能看出来吗？不妨测试一下，大家都用毛笔字抄《心经》，二百六十个字，我们在座八十人，每人用毛笔抄一遍，然后拿出去给陌生人看，他们一定能看出你正在写时地心态，你做任何事情，你那个心力都是灌注在那个事情当下的，没有任何神秘的，人离开心就活不了，所以你心若在烦恼，你做事情时，烙印就打在那个事情上。所以比量认知叫算，现量认知——慧眼，马上就感知得到，所以如来当然有慧眼。

如来有没有法眼呢？法眼是什么？看佛经经常说得法眼净，就是正确的认知了诸法的实相，叫做法眼。这可不是法律专家的眼。那么佛呢？还有不共的，叫佛眼。中国的禅宗史上，在宋朝有著名的三佛禅师，就是佛果克勤禅师、佛眼清远禅师和佛鉴慧勤禅师，他们就是一个师父教了三个徒弟，分别叫佛眼、佛果、佛鉴，非常厉害！这三个禅师振兴了禅宗。

那什么叫做佛眼？

有一天苏东坡到了镇江金山寺，跟佛印禅师打赌，两个人互相形容，苏东坡对佛印禅师说你就是个驴粪，佛印禅师说在我眼里你就是一尊佛，苏东坡高高兴兴地回家，跟苏小妹说，今天那老和尚又输了，败下阵来。苏小妹说，哥哥你才傻呢，你心里装了粪，所以你看谁都是粪。佛印禅师眼里装了佛，所以他看天下都是佛。以佛眼观之，天下一切都是佛；以烦眼观之天下都是烦。实际上当我们内心烦恼的时候，我们就是这个世界最大的污染源。但是反过来，当我们内心平和，像莲花一样芬芳绽放的时候，散发出戒的光明、定的光明、慈悲的光明、智慧的光明的时候，你什么话都不需要说，自然所有人都会尊重你。很多时候你只要以身作则，只要遵守就够了，而不必去约束别人，行动的力量胜于宣传的力量。现在问题是太多的佛教徒不懂得这个道理，逮着什么人都抓过来，动员、宣传，总想度众生。所以吃素成为积功累德的方法，放生成为积功累德的方法，念佛成为积功累德的方法，帮助他人全都抱着为自己谋福利的狭隘的功德心理。这样的佛教，这样的佛教徒，经常引起社会的愤慨。

须菩提，那你又怎么说呢？恒河中所有的沙，佛说是不是沙？“如是，世尊！如来说是沙”。所以佛法并不坏世间相。《楞严经》里面佛说“如蒸沙石，欲其成饭，纵经尘劫，终不可得”。也就是说，你想要做大米饭，把一堆沙子从河里去捞出来，搁到饭锅里面烧啊、烧啊，纵然会经过像尘土那么多个劫，烧来烧去，怎么样？沙子还是沙子。

“须菩提！于意云何？如一恒河中所有沙”，我们已经说过了，一个恒河中细沙无量，“有如是沙等恒河”，又有那么多细沙一样的恒河，“是诸恒河所有沙数，佛世界如是”，佛的世界这么多，可以数、可以量吗？数不出来，量不出来。“宁为多不？甚多，世尊。”当然是太多太多了，佛告诉须菩提，就像这么多的佛土中的“所有众生，若干种心，如来悉知”，无一遗漏，全都知道，“何以故”？如来知道“诸心皆为非心，是名为心”。有没有叫做心的东西呢？没有！但是我心痛，你伤了我的心，整天那样说，是不是？心是名为心，“所以者何？”问题在这儿了，“须菩提！过去心不可得，现在心不可得，未来心不可得。”也就是时间上的过去、现在、未来，都不可得，为什么叫不可得？是自己给自己下的定义，还是佛下的定义？还是事情本身就是如是？想想过去的心可得吗？一生中有多少个事情你能记得？

那对正在经历的事情，有些人也在犯着糊涂呢。有一个科学数字，说人为的灾害百分之七十五是源于人类的瞬间麻痹。失念，他的念头失去了。瞬间的大脑失控，就失去记忆。那未来的心更不可得，谁能算出明天会发生什么事？算不出来。那么不管是过去心，现在心还是未来心，遵从一个什么法则？无常法则。生起来就消失，所以如来能不能悉知这样一个生起来就消失的心？佛陀说了，如来悉知。他若不能就麻烦了，那么如来的佛眼、法眼、慧眼、天眼、人眼就都不起作用了，所以如来悉知。为什么悉知？因为不管是大妄想、小妄想、过去心、现在心和未来心，都遵从无常法则，那佛陀不需要知道它的消失和生起，因为他知道生起就消失。不管什么样的妄念，你坐下来哪怕一个小时了，还都是心猿意马的心，没关系；七上八下的心，没关系；辗转腾挪的心，没关系。无论怎么辗转腾挪生起来都会消失，这个是不变的，无常法则。掌握了这个，你的心当然就越来越安静。

著名的禅宗叫“临济棒，德山喝”，也叫做“德山棒，临济喝”。德山禅师是四川人，姓周，注解《金刚经》做了一本书，叫《青龙书抄》。他听说江西和湖南那些地方禅宗兴盛，不但烧佛经，和尚们还喝佛骂祖，他认为这些是魔子，便担着《青龙书抄》，要去剿灭这些魔子魔孙。到了龙潭旁边，大概在湖南吧，有个三岔路口，饿了，有个老婆子在那儿卖点心。那时一个出家人在行头陀行的时候，要随身带十八件东西：滤水囊（我们那天讲过了，喝水不能用天眼，要过滤水）、钵、一个小佛像、一个小香炉、随身用的衣服、简单的坐具，就是一个像床单一样的东西。一个禅杖化缘用的，化缘时在人家门口，不能进门的，"当当当"，不能少于三声，不能超过三声，就三声，人家不给就算了，停一会儿再走。所以十八件物品的担子随身挑着，或者背着一个背架子。现在我们到江西、云南，这些和尚们有时候还用那个背架子。他把担子一放，对老阿婆说我饿了，买点儿点心。老阿婆说大德呀，你担子里挑的什么呀？挑的《青龙书抄》，注解《金刚经》的。《金刚经》说的是什么？这还用说，《金刚经》讲佛法呀。那我请问你《金刚经》里说的那个道理，如果你答出来我免费送你点心，如果答不出来，对不起，给钱我也不卖。大德我且问你，《金刚经》说过去心不可得，现在心不可得，未来心不可得，请问大德你点的哪个心呢？德山禅师一听哑壳了，但他是很有悟性的人，马上问老阿婆，该怎么办？老婆子说照这个方向走，且直去。好，挑着担子就走，不吃了。到了龙潭崇信禅师那里，大喊三声"龙潭、龙潭、龙潭"，龙潭禅师不理他。德山禅师一看他不理他，也不扭捏，而是直率而言："久向龙潭，及乎到来，潭又不见，龙又不现。"这时他已不是剿灭魔子魔孙的态度了，而是向往之心了，词变了。老和尚门帘一挑，"许你了。""好"！德山法师把担子放下便一直跟着龙潭禅师，但龙潭禅师什么都不教他，不教他佛法，也不跟他辩论，就是默不作声，你爱怎么着就怎么着。有一天德山也急了，我来这么久了，你也不教我佛法？龙潭禅师说："去，给我火灰扒拉扒拉"！那时南方天冷时是烧炭的，德山禅师下了床，拿草棍一扒拉，在那个灰烬里面露出一点点的亮光，然后龙潭禅师跟他说："慢慢拨，慢慢找，还是有一些。"德山禅师豁然有醒，似乎什么东西触动了他心里深层的悟性，但是还没有太明白，过一会儿说“天黑了，师父你送我回去吧！”“天黑了，你自己回去吧！”“天黑了我不敢回去。”“那我这儿有灯。”点着了，德山一接，那老和尚却“噗”一口吹灭了，德山竟豁然大悟。德山禅师得悟得因缘，竟是这样悟的。有没有意思？实在是像讲天书，不但是天书，还是评书，就差惊堂木一拍，明白了吗？没有。禅宗就是这样，不立文字，教外别传。这一下子，好，第二天便悟了，德山禅师把《青龙书抄》搁到大殿前烧了，别人问，师兄怎么能烧呢？这是你花费了十八年的心血注解怎么能烧呢？他说 :“穷诸玄辩，若一毫置于太虚 ；竭世枢机，似一滴投于巨壑！”穷诸玄辩，把你的那个悬辩的，口若悬河的那种辩才，然后怎么样？若一根毫毛置在太虚空中那么样。你把你全世界的这个枢机、辩论呀、想象呀，“似一滴投于巨壑”，像把一滴水投入无边无尽的大海中一样。从此龙潭禅师说这小子将来山顶上喝佛骂祖去也，德山棒子就是这样子出来了，抡一条大棒，逢人即打，成为中国一个了不起的大禅师。

那我们来体会，三心不可得。放下执取，就这么简单，放下即是。我们所有的烦恼，有百分之四十二来自于对过去痛苦的回忆，有百分之三十来自于对未来没有发生的焦虑和担忧，烦恼总共占了百分之七十二。还有百分之四来自当下正在经历的无可奈何的事情。还有百分之四是日常生活中你根本就无可改变的事情。还剩百分之二十。就是那些个非人力所能控制的自然法则，比如太阳要升，谁能改变它？谁也改变不了。那我们的烦恼来自这么多层面，过去心百分之四十二不可得，未来心百分之三十不可得，当下的不可改变的事情百分之四不可得，那还有烦恼吗？各位说还有吗？我们来慢慢体味，最关键的是我们从打坐中去体味。一般人想象打坐该是这样，空心静坐，那跟木头无异，跟石头无异，那门前的石狮子早就成佛了。所以坐在这里要思维修。但不是温习功课那样，跟儒家所说的“学而时习之，温故而知新”不一样，你不是在这儿过电影，是在这儿正思维。当下体会的进入那个境界，千万别在这儿颟顸过去，为什么是过去心不可得？因为过去心已过，当然不可得，这就叫做第六意识心来参禅，没有用。所以德山禅师要是在，肯定三十棒打下去，当下，过去心不可得，刚才痛现在还是痛，但是现在的痛跟刚才的痛绝对不是一个痛，就叫过去心不可得。你能够随时随地生起这个，刚才的妄想和现在的妄想不是一个，过去心不可得，当下即是。修定、修慧跟修知识完全不一样的。

请大家跟我合掌
愿消三障诸烦恼
愿得智慧真明了
普愿罪障悉消除
世世常行菩萨道
普愿一切见者闻者听者
远离痛苦之因、痛苦之缘、痛苦之业
普愿一切见者闻者听者
建立解脱之因、解脱之缘、解脱之业
普愿一切见者闻者听者
快乐安详得以解脱
愿一切众生
快乐安详得以解脱
愿一切众生
快乐安详得以解脱
愿一切众生
快乐安详得以解脱

2007 年 9 月，接待斯里兰卡总统府顾问强帝玛

第十九品

法界通分分

请大家合掌

南无本师释迦牟尼佛

南无本师释迦牟尼佛

南无本师释迦牟尼佛

无上甚深微妙法

百千万劫难遭遇

我今见闻得受持

愿解如来真实意

“须菩提！于意云何？若有人满三千大千世界七宝以用布施，是人以是因缘，得福多不？”“如是，世尊！此人以是因缘，得福甚多。”“须菩提！若福德有实，如来不说得福德多；以福德无故，如来说得福德多。”

如果用《地藏经》的说法这叫较量布施功德，就是比较一下修这样的方法和布施的功德大小而已。须菩提，你怎么样想呢？如果有人满三千大千世界七宝用来布施，世人因为这个因缘做这件事得福够不够多呢？如是，世尊，此人因为做这件事得福当然很多很多。须菩提，要知道福德如果是实实在在的有实体的，如来就不说福德多了，为什么呢？因为福德本无实体，所以如来佛假名为福德多。

那么在《地藏经》里面专门有较量功德品，较量布施功德品。有人做了一件善事，希望自己万古流芳，把自己的善事刻在岩石上。大家想想看他能万古流芳多久？看看巴米扬大佛就知道了，这座著名的雕塑肯定不是普通老百姓所能做成的，或是集皇家之力，或是集大富长者力，或是集众人之力，希望永垂不朽，但是塔利班一入主，巴米扬大佛还是照样炸了。有人做了善事，把它刻在沙滩上，海水一涨潮，随着潮水退去，还会被人记住吗？有没有消失呢？没有消失。有人做了善事根本不留姓名，没人知道他做过善事，他把这个善事放在哪里了？放在海水中了。大家想想看，哪个功德更大？大海不增不减，是不是？他差不多进入了无为法的状态。刻在岩石上，只是一时之用，有人舍一得万报，有人舍一得一报，你布施了，做了一件事，只是自己一生得到一种力量，有人做了一件小事，却让他得到了无穷尽的生命。这里有一个例子：

佛陀时代，有个老阿姨是乞丐，眼睛也有些坏了。一天看到大家争前恐后到精舍去看佛陀，拿花的拿花，拿水果的拿水果，拿牛奶的拿牛奶，拿酥糜的用酥糜，她问你们都去干吗？别人说佛陀来到我们国家了，我们要去供养他，他是人天导师，很难得的！见他一下有无量的功德，听他讲佛法可以熄灭烦恼。老阿姨就说我也要去，但是看到人家手里都拿了东西，她没有，她就跟人家乞讨了两个铜钱，去打油，但这点儿钱打的油太少了，卖油的店主一看，你这样子去干吗呀？她说我刚刚讨了两个铜钱，想要去供养佛陀，店主说好吧，我再随喜你一下，多给你两个铜钱的油。老阿婆拿着这个到了精舍，点着了，跟所有的灯放在一起。到了深夜，讲完佛法了，禅修完了，大家各自散了，佛陀便让神通第一的目犍连去把所有灯都灭了。其他的灯都灭了，但老阿姨这个灯却怎么吹也吹不灭，人力不行，就用神通力吹，还是灭不掉，用风去灭，风越大那个灯越强，然后罩，用什么罩都能透出来，最后无可奈何地回来问佛陀，为什么她的灯会这样？佛陀说这个老阿婆是一念至诚之心，没有任何别的想法，所以她的一即是无量。她没有为自己求任何东西，就是做一件当下的纯善之事，三轮体空，所以她的功德是无量的。那我们看实际上这里边在在处处都有提到修学的《金刚经》，它的功德是无量无边的。

请大家跟我合掌
愿消三障诸烦恼
愿得智慧真明了
普愿罪障悉消除
世世常行菩萨道

普愿一切见者闻者听者

远离痛苦之因、痛苦之缘、痛苦之业

普愿一切见者闻者听者

建立解脱之因、解脱之缘、解脱之业

普愿一切见者闻者听者

快乐安详得以解脱

愿一切众生

快乐安详得以解脱

愿一切众生

快乐安详得以解脱

愿一切众生

快乐安详得以解脱

第二十品

离色离相分

请大家合掌

南无本师释迦牟尼佛

南无本师释迦牟尼佛

南无本师释迦牟尼佛

无上甚深微妙法

百千万劫难遭遇

我今见闻得受持

愿解如来真实意

"须菩提！于意云何？佛可以具足色身见？""不也，世尊！如来不应以具足色身见。何以故？如来说：具足色身，即非具足色身，是名具足色身。""须菩提！于意云何？如来可以具足诸相见不？""不也，世尊！如来不应以具足诸相见。何以故？如来说：诸相具足，即非具足，是名诸相具足。"

这一品分得也好，叫离色离相分，我们经常被色相所骗。须菩提，你怎么样想呢？那个叫做佛陀的释迦牟尼可不可以具足色身见呢？不可以，世尊，如来是不应以具足色身见，为什么呢？因为如来说具足色身即非具足色身，是名具足色身。如果你认为这样一个色身，三十二大丈夫相，八十随行好就是佛了，那禅宗的第五代祖师他长的是二十七相，比佛陀差了五相。禅宗的第五代祖师，叫弘忍法师，在湖北黄梅东山五祖寺，他前生是个栽松道长，活的年岁很大。四祖道信禅师回到黄梅，在西山双峰山讲法，他本身被唐太宗封为大医禅师，医术又很高，神通也很大，但是他的佛法却无人传承。因为黄梅那个地方到现在也一样，是佛、道在一起的，但关系却非常融洽，没有像别处那样又吵又争又斗的。于是有一天，栽松道长说，"禅师，我想跟你学佛法，承担你这个法力。"然后四祖说不行，你老人家太老了，不适合了，你说咱俩要一出去，剃了头，剃了胡子，人家管你叫师父还是管我叫师父？栽松道长说那你说怎么办吧？道信禅师说除非你换个身子再来。栽松道长说好，那你等我，就走了。栽松道长走到一个水很大的江边，看到一个十几岁的小女孩正在洗衣服呢。栽松道长说，"女娃子，我想跟你讨个住处。"小女孩说这不行，要讨住处得我父母同意，栽松道长说没关系，只要你同意就行，你只要答应一声，我再去找你父母就行，小女孩说那行，我当然答应了，我父母在那儿呢，你去找吧。好，这一答栽松道长便在小女孩身上投胎了，这一投胎坏了，未婚有孕会被族长处罚的，得被浸猪笼。结果真把她浸到猪笼了，但莫名其妙地又从水里漂出来了。这个女孩子一想，这孩子肯定是有点来头，便把孩子生下来了。生下来她又觉得很痛苦，明明自己的德行很清净，守身如玉的，结果莫名其妙怀孕了，想想后把生下的男孩搁进一个筐箩，放进水里。南方的竹篾子，本身带点缝，走走肯定一打进水也就淹死了。可是那个小竹笼子没有顺流而下，居然逆流而上，小女孩一看这个家伙看来有点来历，于是又把他养了。养到七岁，带着他乞讨为生。这天刚好遇见四祖道信禅师，四祖神通很大，一观察这个小孩子应该可以来了，因为佛教准许小孩七岁出家，于是故意到了岸边，对这个小孩子说，小娃子姓什么呀？“俗姓即无，佛性即有。”四祖一听，即知这个孩子很不一般，便跟他妈妈说，把这个小孩子送给我出家，可以吗？后来武则天封五祖的妈妈为圣母，我们有机会到五祖寺去，专门有个圣母殿，那是武则天亲自赐的。因此说弘忍法师长的是二十七相。所以佛教能够禅宗中国化，跟五祖有直接关系，六祖如果没有五祖的锤炼、付法，不可能开创中国化的禅宗。所以禅宗的兴盛完全跟五祖的教化、四祖的传承直接有关系。但是到集大成者，真正做出划时代的这种影响的是六祖。

佛既然不能这样以具足色身见，那么再看，“如来可以具足诸相见不？”色身不能见，诸相不能见。“不也，世尊！如来不应以具足诸相见。”为什么？因为如来说，“诸相具足，即非具足，是名诸相具足”。

依据天台和华严的教理，佛要三大阿僧祇劫，修福与修慧，百劫种相好，依据教理，从我们现在凡夫开始发心要成佛，要经过三大阿僧祇劫，也就是按照地球上的年算，所有的生命从有这个地球以来，到这个地球消失，所有的生命累加，再乘上它的无穷尽的方，就叫三大阿僧祇劫，你说时间该有多长！修那么久，才能叫修福与修慧。百劫，再拿一百劫，干吗呢？修相好，专门修这个满月相，让人一看就欢喜。禅宗为什么有生命力？在于他一下子，一念三千，你一念之间，过去、现在、未来超越了，三大阿僧祇劫，一念就具足了。所以中国这些好简的民族个性的人能够发扬光大禅宗。

请大家跟我合掌
愿消三障诸烦恼
愿得智慧真明了
普愿罪障悉消除
世世常行菩萨道
普愿一切见者闻者听者
远离痛苦之因、痛苦之缘、痛苦之业
普愿一切见者闻者听者
建立解脱之因、解脱之缘、解脱之业
普愿一切见者闻者听者
快乐安详得以解脱
愿一切众生
快乐安详得以解脱
愿一切众生
快乐安详得以解脱
愿一切众生
快乐安详得以解脱

第二十一品

非说所说分

请大家合掌

南无本师释迦牟尼佛

南无本师释迦牟尼佛

南无本师释迦牟尼佛

无上甚深微妙法

百千万劫难遭遇

我今见闻得受持

愿解如来真实意

“须菩提！汝勿谓如来作是念：‘我当有所说法。’莫作是念，何以故？若人言：如来有所说法，即为谤佛，不能解我所说故。须菩提！说法者，无法可说，是名说法。”尔时，慧命须菩提白佛言：“世尊！颇有众生，于未来世，闻说是法，生信心不？”佛言：“须菩提！彼非众生，非不众生。何以故？须菩提！众生众生者，如来说非众生，是名众生。”

这句话可以用“说法者，无法可说”来高度界定。须菩提你千万别认为如来有这样的想法：“我当有所说法”，不要这样想，“莫作是念，何以故”呢？如果有人说如来说了什么法，你看“即为谤佛”。这一句话吓死人的，释迦牟尼说法了吗？佛教传了二千五百五十二年，这是实实在在的，建了那么多的塔，那么多的寺庙，这不是说法是什么？到底让我们这些人怎么办呢？把佛经都烧了？到底怎么样才是不谤佛呢？大家一定想知道，是不是？那就解佛所说就完了，可一旦解佛所说是不是又谤佛了？既然文以载道，当我们不明白这个道理时是不是还得需要这个文，当我们已经明白的时候，还需要这个东西吗？对我们是不需要了，可对那些没明白的人需要吗？还是需要。

所以现在烧香的、拜佛的、迷信的、放生的、吃素的，有没有必要？太有必要了。总比去赌博好吧？总比去吸毒好吧？所以千万不要否定那些迷信的老人们，他们真的是很了不起，因为他们拿一生的生命总结出一个经验：佛法好。佛法怎么好？阿弥陀佛好，阿弥陀佛怎么好？没烦恼。但是你说不能念佛了，阿弥陀佛走了，完了他们烦恼了，所以要允许他们成长，不要苛责他们。当然我们再向上一义谛，所谓向上一招的就是第一义谛，佛法又分胜义谛和俗义谛，胜义谛也叫真谛，是一法不立，一切皆空。但是俗义谛，是在世俗层面上，为了让不明白的人能够明白，让看不见的看见，所以需要有塔，有庙，又有光头和尚，是吧？但是你如果执相而求，怎么样？失之千里，非常简单。就是解佛所说："须菩提！说法者，无法可说，是名说法"。

有一次须菩提在山洞中静坐，一个天王下来了，在他身边撒了很多花，须菩提说你们干吗撒花？天王说我们因为你善说诸法，须菩提说我没说法啊，天王说你已经说完了，所以我们才撒花。你看天人也跟佛的弟子们斗机锋，这就是禅机。说法者无法可说，大家想想看，如果说听法者无法可听，可不可以？怎么叫可以？怎么叫不可以？你不能把责任都推到老师身上，对不对？什么都推到老师身上，你听法者无法可听，左耳进，右耳出。那就像冬天的鸭子和鹅一样，水往上一浇，一抖落全落下去了，法不润心，不要说润不了心，连身也不润，相也不润，那佛教岂不没有希望了？所以听法者有法可听，一旦明白了，便又说说法者无法可说，你亦如是，我亦如是。六祖当年得了法之后，五祖说："汝为第六代祖，善自护念，广度有情。"你看善自护念，这四个字都是让我们自己在内心来完成。不明白的时候靠老师、靠文字、靠形象，一旦明白了，善护己念，就这么简单。整个金刚经说的这一个事，在我们内心之外别无佛土，别无佛法，别无佛教，只有我们这颗心，但是如何了解这颗心才是问题关键，你不了解，说了半天这颗心还是烦恼。

尔时，慧命须菩提白佛言：世尊！如果有一些众生，于未来世，听说这个《金刚经》了，听说这个般若法了，生不生信心呀？佛说，须菩提，那些个听到这些佛法的人，叫什么？非众生，非不众生，是不是？佛有七能三不能，上帝和造物主叫全能，那么还有万能的主，但是佛只有七能三不能。哪三个不能呢？不能转众生业，不能转这个定业，叫定业不可转；不能尽众生界；第三个叫不能度无缘之人。你想想看，那些能够听到这些方法，而起了信心的人是众生还是非众生？是有缘还是无缘？有缘的听到了但是不明白，是有缘还是无缘？还是与此法无缘。有些无缘但是内心已经明白了，尽管没有看到这个经，是有缘还是无缘？是有缘的。所以非众生，非不众生，是名众生。所以“须菩提！众生众生者，如来说非众生，是名众生”，一切只有个缘起，没有本体，缘起，只是个因缘法在生灭。

那我再教各位，除了禅修的时候，用观因缘的方法熄灭烦恼，最关键的是，在日常生活中，跟别人发生争执、争斗、麻烦、烦恼起的时候，善良被人误解，好心被人伤害，在这种痛苦的时候来观察因缘，叫非误解、是名误解，本来就没有这些，马上恬淡地一笑，欢喜！所以佛法它太微妙了，每一个当下你会用，当下就解脱了。一天二十四个小时，你有一个小时是解脱状态，你就赚了二十四分之一，你活一天，就当下一天，所以这句“当一天和尚撞一天钟”，实际上是非常的洒脱和积极。但长期以来却被我们理解成片面、狭隘和消极，好像都是那种无所事事无所愿求的样子，大错特错。

请大家跟我合掌
愿消三障诸烦恼
愿得智慧真明了
普愿罪障悉消除
世世常行菩萨道
普愿一切见者闻者听者
远离痛苦之因、痛苦之缘、痛苦之业
普愿一切见者闻者听者
建立解脱之因、解脱之缘、解脱之业
普愿一切见者闻者听者
快乐安详得以解脱
愿一切众生

快乐安详得以解脱

愿一切众生

快乐安详得以解脱

愿一切众生

快乐安详得以解脱

2006 年 10 月，在印度外夏离

第二十二品

无法可得分

请大家合掌

南无本师释迦牟尼佛

南无本师释迦牟尼佛

南无本师释迦牟尼佛

无上甚深微妙法

百千万劫难遭遇

我今见闻得受持

愿解如来真实意

须菩提白佛言："世尊！佛得阿耨多罗三藐三菩提，为无所得耶？"佛言："如是，如是。须菩提！我于阿耨多罗三藐三菩提乃至无有少法可得，是名阿耨多罗三藐三菩提。"

前面一直是释迦牟尼主动，这回是须菩提主动提问。世尊，佛得无上正等正觉，实在是没有什么能得到？要按刚才你这样说，说法者无法可说，那就证法者无法可证了？佛说，是呀是呀，须菩提，我在阿耨多罗无上正等正觉这件事上，"乃至无有少法可得"，一点点都没得到。当人家问佛陀我们怎么称呼你呀？是叫你释迦族的圣人，还是叫你净饭王的儿子，你猜世尊怎么说？你们应该呼我为觉者，佛陀。"无有少法可得"，但是又被称为天人师、佛、世尊、无上士、调御丈夫、善逝、世间解，有那么多的名号，是有法还是无法？说有说无，全是两边。所以中道第一义，真正明白这个道理了，这个佛法的玄辩，佛法的智慧，它超越了玄辩，但是它包含了玄辩；它超越了哲学但它含有哲学；它超越了宗教，但是它本身又孕育了宗教。世界三大宗教中佛教、基督教和伊斯兰教，创教历史上最早的，当属佛教，已有二五五二年了。所以有这样的一个机缘，我们大家开始来学习纯净的佛法，来了解自己的心性。而中国本土除了佛教外，还有儒家和道家，儒释道三家的教育特色跟西方教育完全不同的地方，就是他完全独立于世界教育之林，能够立足的就是它以心性为本的教育机制，儒家是修心养性，这个以王阳明为代表；道家是修心炼性，要炼，锻炼我们的性；那佛家呢？叫明心见性，所以全是心和性，这是跟西方完全不一样的教育机制。但我们这么多年给丢得太多了，好在现在已经意识到这个问题了，百年工程我们再返回来做，不管是中国大陆如此，韩国、日本如此，东南亚的华人如此，大家都开始做了。从中国社会科学院，北京大学、人民大学、然后复旦大学、四川大学，一向就是这几把交椅，那现在再一看，连一些省级的大学里都有佛教、宗教的专业，这是一个进步开放的标志。

问：**"命里有时终须有"是否讲的是福报？那福报有了就坐在家里等就行了，还要努力上班干嘛？请诠释。**

答：这个问题蛮有意思的。命里有的终须有，这等于叫命定论，也叫宿命论。佛教叫做"业力"，业感缘起，跟命定论、宿命论完全是不一样的。命定论就是你什么都不需要干，上帝把一切都安排好了，宿命把一切都安排好了。那我来问问各位，假如算命的跟你说，现在，在某个地方有一个存折卡在那儿，赶紧去拿，过了几点几分就过时了，你就坐在那儿等着能来吗？能你还得过去才能拿过来，你不拿或者被人拿了，它就不属于你了对不对？过去说一个懒婆娘，丈夫出门了，烙一个大饼套在她脖子上，然后再一回来看到懒婆娘饿死了，为什么？她懒到连抻抻脖子都不干，所以只能给饿死了。所以宿命论是消极无为的，但是佛教讲究"业感缘起"，这就是宿命论和业感缘起论的最大差异。所以命里有的必须去努力，叫正精进，八正道。

这就涉及到一个问题：到底佛教的改命是可改还是不可改？想想看，命是定的还是缘起的？缘起的，那么就是一切皆空的，一切皆空的就是你还可以再创造出来。你没有福报，可以去累积福报。所以佛教叫"五停心观"，把我们的心按五种最基本的教法，没有智慧的人教他缘起法，贪恋生死的人教他无常法，嗔恨心重的教他修慈心观，散乱心重的教他数息观，都是针对法。所以佛法不是僵化的，甭管你三六九等，佛法能一一对治，你有什么样的根性佛就有什么样的方法来教化你。否则无论什么样的人、什么样的问题上来就一味灵丹妙药，这绝对是宗教。要知道佛教的任何一个宗派，八个宗派中，禅宗、净土宗、密宗目前是最兴盛的，另几个是天台宗、华严宗、唯识宗、三论宗和戒律宗。但所有的佛教的宗派目的是为了帮助佛法的发扬光大，任何一个宗派如果消灭了佛法，只强调自己的宗派，必然是弊多于利，必然把佛法送上宗教的死胡同。所以现在我们不管在修哪个方法，不要过分在乎宗派问题，要知道所有的宗派只是方便，佛法才是最根本的。

问：您曾经讲过人什么都需要经历，比如说谈恋爱、结婚、生子然后觉悟后出家，那么是否对于女人和孩子太不负责任？另外佛祖已经告诉我们他的凡尘一切都经历过了，那么只要相信佛祖的话直接出家不就可以了吗？

答：干嘛非说对妻子、对儿女不负责任，那女性出家对先生和儿女不是也一样啊，那儿女出家对父母呢？父母出家对儿女呢？三方面的对不对？不能单独说男子，女子也一样，儿女对父母也是一样的。这是相互的，不是单一的，没有上下这一说。

至于什么叫做责任？我们俗语上的这个所谓敦伦尽分是责任，对不对？保家卫国是责任，克尽职守是责任，讲究孝道是责任，与人相处是责任，夫妻相守是责任。佛教里专门有一本经叫《佛说善生经》，又有一本经叫《吉祥经》，专门讲先生如何照顾太太，也专门讲了太太如何照顾先生，父亲如何对子女，子女如何对父母，说得很透彻。但是要知道，人的生命分了几类，第一叫做"动物性的生命"，就是吃喝拉撒睡、传宗接代，动物性的，你刚才说的这个责任就是动物性的这种责任，女人、先生、子女，就是这样一个关系，那是动物性的一面。你想想看，按照动物的自然法则，有没有不散的一个家庭呢？有没有不死之人呢？没有。也就是你的责任，你放不下，可死亡会教你放下。所以死亡就是黑无常嘛，它来教我们放下。因此所谓的责任也只是相对而言，佛说责任即非责任是名责任，只是相对而有，寿者相嘛，在一个特定的时间段，必须负的。印度一个男子，把人生分成四个时期，第一个时期叫做出家学习期，因为那时候没有学校，一切的学习都是在寺庙中完成的，所以寺庙在印度就相当于学校。而在古时的中国，寺庙则相当于教育部和外交部的合称。因为汉明帝永平十年公元67年，从西域请来奢摩腾和竺法兰两位法师后，安置在鸿胪寺，是汉代的最高官府，三公九卿，也就是由九个部长来管理，所以这个机构就一直延续下来。因此佛家的寺庙在中国一直跟官衙很相像。那到了第二个时期男孩子学到十几岁时，就还俗来结婚，印度的男孩子结婚都早，十四岁可以结婚了。到他做了爷爷或者外公，已经有了第三代人的时候，马上他就又去出家，叫林居期。所以先是出家期、然后居家期，居家要结婚，要创业，然后林居期，林居期就是修行，修行个体的修为达到了这个目标了，然后叫游方。游方的就是从此不再占有任何资源，什么都不是、什么都不成为，“今朝脱下鞋和袜，不管明朝穿不穿。”随时可生，随时可死又步步向生那个态度，这就是一个修行人。

所以婆罗门教、印度教很高明，他把人生分成这样的几个时期。因此你要想背负责任，那是永远也负不起的。因此动物性这一面过去了，那人的这一面就是刚才说的，人的居家期、林居期，但人还有精神生活、灵性生活，对不对？我们生命的终极价值、终极意义到底在哪里兑现呢？吃喝拉撒睡中尽管拿一句禅来说“道在溺屎”，平常心是道，举手投足是道，扬眉瞬目是禅，轻轻流水是禅，到处都是禅，可是你得先明白它是才能悟禅，三十年前见山是山，三十后见山不是山，再三十年后见山又是山，要经过这个是与不是，不是又是的阶段才可能悟道。所以勇敢地承担责任，但是又毫不留情地放下，这就叫放下和智慧。

问：您提到念“阿弥陀佛”时感觉您好像是有一点点反对的情绪在里边，但是您在讲座中又屡次提到关于心的力量的问题，您说到如果心态比较好的话，写《金刚经》写出来的效果也会比较好，也就是说所谓心能转物。那如果按照这样的说法，那我相信念“阿弥陀佛”时我心里想着它，我信它，那

应该就是我信了，我觉得可以达到什么那就肯定可以达到的，因为心可以转物嘛，也就是信者得救嘛。那为什么您又比较反对这样一种说法呢？

答：先讲个故事，一个从美国回来的老太太有严重的牙痛病，有一天痛得不行了，从美国带回来的药正好吃完了，就让我一个朋友满北京找这个药。可他拿着那个瓶盖儿找遍了北京也没有，买了很多中国产的药都不行，吃了不管用。我这个朋友特别聪明，找了一个中国产的药，用这个包装，说终于买到了，老太太吃了，三分钟牙就不痛了。

那这个道理何在呢？信心成就，为什么叫信心成就呢？好比说这些纸，它就是普通的纸，纸的作用和功能是什么？只是个载体吧？可以用，也可以烧，也可以保存，但是你相不相信它就是具有神圣力量的纸，你相信吗？好，“若是经典所在之处，即为有佛”，在纸上写上“佛”字，有力量吗？你信不信？信了，整天对着它磕头烧香。因为你的心力在往这里贯注，大家都想着这个灵，有力量，它是不是就真的具备了神秘的力量？所以一人传，十人传，就是真的了。所以为什么都说普陀山灵，因为大家都相信它灵，就这么简单，信心成就，所以它的科学原理就是你相信它。所以我在教我身边做事的徒弟时，我特意教他在做事时的佛法，你要享受对方什么特性，你就要创造他。你依据佛法一切众生都是佛，所以你只享受他身上光明的、智慧的、慈悲的那一面，因此天下全是佛，就这么简单，这就是心，信心的力量。因此佛在三十七道里边叫“五根五立”，其中第一根叫“信根”，“五立”第一立就叫“信立”，信根产生信立。那在我们讲《百法明门论》会讲到，专门有一类叫信根不具的众生，他就没有信根，你把自己敲碎了头，给他说佛法是微妙难言之法、是智慧之法，他也不信。这跟他做善做恶没关系，只是信根不具，这是一种大烦恼，所以专门有这类的众生。那我们观察身边很多这样的人，学问一大堆、知识一大堆、名衔一大堆，但他就是不信，所以很难度这样的人。

问：**请问师父，我们在生活当中也有很多信心转境的例子，他因为信心成**

就了自己的某件事情，包括有些身患疾病的，医生判了死刑的，然后他用乐观的心态战胜了疾病，过了很多年一查好了。但是前段时间有一个师兄得了绝症，去过藏区的师兄就储备了一些甘露丸，结缘的这些，他觉得很殊胜然后就给这位师兄吃，但是一个月之后这位师兄还是没能渡过这个难关，这位得病的师兄也是发心很纯净的一位居士，我们去给他助念，那这是为什么呢？

答：儒家有一个故事是这样讲的，一个人就想要练飞升，结果呢？教他的人实际上是个骗子，骗子根本没有飞升本事，但是这三年来这个人就对骗子敬若神明，要怎么样就怎么样，到了三年后，说你总得教我了，骗子说好吧，那我今天教你，走，上山上悬崖了，然后说从现在起往下跳，跳了就能飞了。你猜这个人怎么样？真就跳了，也真的就飞起来了。这是儒家的正史记载，而不是佛家的传记。他的心成就了，所以他就相信了，尽管那个人是个骗子，但是他的一念之诚，却创造了“一切唯心造”的结果。佛在《四十二章经》里面特别说，叫“置心一处，无事不办”，让他的心达到一处了，什么都能做到，也就是“心若能转物，即同如来”。那你问这个同修为什么吃了甘露丸不管用，我们修行人的生命叫业力与愿力，普通人是业力为作主，被业力牵引，业力是你不得已的，很多无奈、不甘心，但是你无可奈何；但是愿力就需要你主动地去做，你想想看，一个主动加班的人和一个被迫加班的人，他们的劳累、疲乏度是不一样的。当业力大过愿力，人就成为凡夫，当愿力大过业力了，这个人可以做生命的主人，所以我们应该为愿力而活，而不应该被业力牵缠，修行人就是这样来定位的。那么有一些个案，因为对法的不了解，盲信、迷从导致了很多欲升反坠的事情，这个就是佛说此人堪可怜悯吧。

问：菩萨戒可以分受吗？受了戒可以舍戒吗？

答：菩萨戒不可以分受，受了就不再舍。不但这一次不舍，就是生生世世等于种了一个、埋了一个永不消失的电波，这个叫菩萨戒。因为“若受菩萨戒，即受诸佛位”，生生世世让你就不迷了。那也有人当年问佛陀，说一个不受戒的人下了地狱和一个受了戒的人下地狱哪个从地狱出来更快呢？是受戒的人。因为受了戒的人他明白，他犯了错，所以知错即改马上就生了，相反没受戒的人，我很快乐我干嘛要修行呢？在地狱挺好的呀，做猪挺快活的呀，他是沉迷其中不能自拔，因此受戒功德殊胜行，他的功德是无量无边的，因为受了戒，因戒生定，因定开慧，即成无为善法，无为的善法可以成为圣贤教化别人。

问：**什么是"空性"、"正见"？**

答：所谓"空性"，诸法本来皆空，是怎么个空的呢？第一它不能恒常存在，第二不能独立做主，第三被条件制约，这就是空的定义。你想想看有什么不遵从这个呢？不能恒常存在所以是无常，不能独立做主所以是无我，因为它无常无我所以必然被条件所制约，因为被条件所制约所以它就是缘起，因为是缘起了所以它就被条件制约，因为被条件制约所以当某一个条件有的时候它就显现有，所以就是寿者相。当一个条件消失了，它就没有，所以就无常，无我缘起性空，它是一体的，不能分割看。现在很多人在解释佛法却把它完全给分割了，这就是真的错了，歪曲了这个意思，它是一体的。把"戒定慧"分成一二三，错了，支持一个鼎，得三个足这个鼎才能立住。"戒定慧"就是佛法的三个根本，缺一个就倒，所以缺一不可，它是平等的，为了说起来方便我们说"戒定慧"有次第，那这里也是一样，无常、无我、缘起，就是性空，性空所以就缘起无常无我，因为他无常所以他必然不能做主就是无我，因为不能做主它也必然是遵从无常生灭法则，你看互相是不是可以阐述了？

问：**《金刚经》讲一切经皆从此经出，但《法华经》讲的是本有实相，讲一切佛菩萨众生都是由法华经出生的，这个不是矛盾吗？**

答：佛说《金刚经》即非《金刚经》是名《金刚经》，佛说《法华经》即非《法华经》是名《法华经》，对不对？我有一切心则有一切法，我无一切心何需一切法，所以所谓佛法者即非佛法是名佛法，没有矛盾。那如果我们看到矛盾一定是我们的问题，不是经的问题。

问：**您如何看待少林寺释永信这个经营现象？**

答：我觉得他是经营这个拳头的少林禅法，对不对？挺好的。起码我到西方去，都知道中国有“少林功夫”。我有次在印尼讲经讲累了就没有直接飞吉隆坡，而是买了一张机票到巴厘岛，待了三天。走到哪里，都听到“少林、功夫”这几个字，有一次我在德国科隆，那些老外也说“少林、功夫”，我说“Yes，I’m china 功夫”，你看他起码能知道这个，刚才说到“若以三十二相见如来”，这就是相。但是少林寺毕竟只是中国几十万个寺庙中的一个，所以他这种个别现象不能代表全体的佛门。

问：**您认为宗教与科学可以融合统一吗？您反对科技给人类带来灾难。我曾和北大一位老教授探讨过这个问题，他说科学是对规律的探索，是为了认识自然界的规律，给人类带来灾害的不是科学而是人的欲望，您认同他的说法吗？您认为中西医学可以结合吗？**

答：科学是对规律的探索，那么佛法这叫“诸行无常，诸法无我，涅盘寂静，缘起性空，”这是不是最高的科学规律？我说过佛教超越科学、但是又包容科学，佛已经认知了，所以当然可以融合了。给人类带来灾难的是人的欲望，欲望本身并没有罪，对欲望的态度才是问题的关键，所以你们的交流仍然还有问题。中西医可以结合吗？我觉得没问题呀。尽管我被西医折腾得死去活来，但是到了关键时候还得去相信西医，1999 年我因为胃出血在中日友好医院治疗，但怎么查也没有查到我的出血点，还是天天出血，做了五次肠镜检查，真的把我痛死了。即使西医把我折腾成这样，可是有些时候没办法还得接受它。所以解决人类的问题要靠科学、要靠哲学、要靠宗教、要靠文化、要靠艺术、要靠军队、要靠政治，因为人类的问题显现的层面不同，所以才有了不同层面的解决之道。谁都不要想用这个取代那个，那么宗教曾经把科学家送上了断头台，布鲁诺、伽利略被烧死了，对不对？那么科学在今天又走了一个极端，把宗教经常送上脚手架。实际上科学、哲学、宗教这三个体系在三千年前的人类社会中能分开吗？分不开。炼金术是占卜大师，那些个医官、卜官本身又是科学家呀，对不对？所以那个时候是不分的，人类活得简单，分了，人类博学，但是问题却层出不穷，互相打架。

请大家跟我合掌

愿消三障诸烦恼

愿得智慧真明了

普愿罪障悉消除

世世常行菩萨道

普愿一切见者闻者听者

远离痛苦之因、痛苦之缘、痛苦之业

普愿一切见者闻者听者

建立解脱之因、解脱之缘、解脱之业

普愿一切见者闻者听者

快乐安详得以解脱

愿一切众生

快乐安详得以解脱

愿一切众生

快乐安详得以解脱

愿一切众生

快乐安详得以解脱

第二十三品

净心行善分

请大家合掌

南无本师释迦牟尼佛

南无本师释迦牟尼佛

南无本师释迦牟尼佛

无上甚深微妙法

百千万劫难遭遇

我今见闻得受持

愿解如来真实意

复次，须菩提！是法平等，无有高下，是名阿耨多罗三藐三菩提；以无我、无人、无众生、无寿者，修一切善法，即得阿耨多罗三藐三菩提。须菩提！所言善法者，如来说即非善法，是名善法。

“复次，须菩提！是法平等，无有高下”，我们可以用这八个字来整个铲除所谓的民主。为什么这样说？我们总是觉得民主有多么的神圣，但是民主真的是平等的吗？是人为规定的民主平等，还是自然而然就是平等？是人为的。有人想要进白宫去可以吗？总统可以、保镖可以、部长可以。我这和尚光头去了，人家恐怕得把我当成恐怖分子的人肉炸弹。“是法平等，无有高下”，我们应该怎么来体会？我们看到的差别是不是普遍的？所有的差别中，平等是怎么展现出来的？这个地方要动脑筋的，你吃饭用的碗，喝茶用的杯，喝汤用的汤匙，想想看，它们是平等的还是差别的？平等。怎么平等呢？那怎么盛汤不用汤匙盛，服务员要是给你拿汤匙盛一碗汤上来，你会不会跟人家吵架呢？如果说加点盐，结果拿一个大汤盆给你拿盐来，你受得了吗？平等还是差别？差别。差别在它的外相，因为外相的差异导致用处也有差异了。可是它们都是餐具，这是一个平等，也就是从餐具这个层面上是“是法平等”，那它们是从什么锻造出来的？是泥土，在它们被团成稀泥还没有被捏造的时候，有没有差异？没有。各位想想看，当我们的生命还没有轮回所谓的天堂、地狱、饿鬼、畜生、修罗和人这六道的时候，我们仅仅是一个生命的能量态的时候，大家是平等的还是差别的？平等。所以佛法讲，心、佛、众生三无差别，我们的心就是我们本来的生命能量态，佛就是那个生命能量态再也没有流失过，它恒常地处在那种平静的、祥和的、智慧的、慈悲的、善良的状态，这些就是佛的状态。那众生是什么状态？众生就是已经变化万千了的状态，但是从能量场这个层面上是完全平等的。这个平等是佛规定的？菩萨创造的？我们想象的要它这样的呢？还是“是法平等”？是法而如是的平等，所以这一点上是佛法跟宗教断然地划了一个不等号。法而如是，就本来如是，没有谁创造，也没有谁被创造，只要你放下了你的执取和烦恼，众生回复到心的本来纯净状态，那么纯净到极点就是佛，所以叫心、佛、众生三无差别。

但是大家要知道，我们已经有了高、矮、胖、瘦，人、鬼、畜生、天的界限了，我们还能够说我像猪似的行吗？所以凡是一旦堕入到形而下的，已经占有空间、体积、形象，并且它能够自我认知，被其他人所认知时，这个相有一个相对的稳定性，就叫做寿者相。比如这个杯就用十年，这个楼就用七十年，地球四十五亿年，它都有一个相对的稳定性，这个时候我们的认知局限、偏差，就把这个相对的稳定性当成了实体不变，所以把无常的当常，因此才痛苦不堪。那我们明白了，所谓的四十五亿年也好，四十五年也好，四十五天也好，都是一个寿者相。仅仅在寿者相这个层面上，四十五天和四十五亿年有差别吗？没有，又是平等的。所以终究来说，体上平等、性上平等，相上、用上全是平等。这样子，我们那种差别对待，我们那种总有超过别人的想法，就自然淡化了。我倒推荐你们正在读研究生的，不妨做一个选题，“从《金刚经》看佛法的民主”。那么也有很多女权人士说佛法最不讲究平等的，宗教规定是信者得救，不管是男人还是女人，但是佛教不是的。男性出家人受的戒律是二百五十条，女性出家人受的戒律是三百四十八条，并且女性出家还有叫“八敬法”。很多的世界女权组织，专门拿“八敬法”来做文章，蛮有意思的。是法平等无有高下，但是为了安立方便，毕竟社会是一个缘起的社会、分工的社会，所以既然有了三六九等了，那么高就随他高，低就随他低，但还是平等的。

“是名阿耨多罗三藐三菩提”，所以是法平等，无有高下，那自然就是无上正等正觉。因为这个人体验到了“无我、无人、无众生、无寿者”四相，所以当一个人已经没有对自我的执取，没有对众生相的牵挂、担忧，然后修一切善法就怎么样？即得无上正等正觉。所以一切的善法，前面我们曾经讲，一切法皆是佛法，但是这里说，修一切善法，即得阿耨多罗三藐三菩提，那回归到佛教的修行体系，叫福德、智慧二严，福德与智慧两个一起来庄严它，神圣的完成它，叫福慧二严。

“须菩提！所言善法者，如来说即非善法，是名善法。”我做了一件善事，恨不得让别人都知道，那么想想看，为什么传播自己做的一件善事反而是恶的呢？佛教对于善法的区分，分了半善与满善，一半的善与圆满的善；相似善与究竟善，有的表面看是善，但实际上有恶，究竟善就没有这个，从动机到结果到过程都是善；还有的叫残缺的善，还有的叫不圆满的善，还有是少分的与多分的，一点点的和很多的，把这个善分得很透彻。但是佛在这里告诉我们修行的最终究的方法是一切善法别把它当善法，那我们可不可以延伸推论，一些恶法也别把它当恶法，行吗？假如咱们现在停下讲课，所有人都给我趴下，碰上打劫的了，佛说一切恶法即非恶法，是名恶法。行吗？所以这一条叫善体善用，毕竟我们已经沦为形而下的器世间了，就必须有它的公共的运行准则。所以法律、政治、军事、经济、宗教、文化、教育、卫生、医疗等，都得遵从它的法则。我们有一类迷人不遵从这个自然法则，我们这个法界叫做庄严，叫十法界互具。怎么叫做十法界互具呢？在佛法界中具备菩萨法界、圆觉法界、声闻法界、天法界、修罗法界、人法界、地狱法界，饿鬼法界和畜生法界、佛法界具足其他九法界。那人中的法界，也就是我们在人类社会，在人的心中具没具备其他九个法界呢？比如一些慈善组织，是不是已经超越了国界的？比如姚明既可以是一个篮球巨星，也可以是个形象大使，他在家里也是最孝顺的儿子，在他太太的眼里是个好丈夫。他有多少形象呢？所以法界互具，就是这样的。一生有无穷的化身，不是在死后，不是你修成了之后才有化身，你现在就有无量的化身，我们要突破这个狭隘的认知了，发现世界上每一个人无非是你的化身时，各位想想看还有没有人相？我、人、众生、寿者四相，因为所有的人全是你的化身，是不是人相变成我相了？那我相是不是很虚幻的？修行就是这样，慢慢地智慧就开了。明代有一个秀才作了一副对联：“经忏可超生，难道阎罗怕和尚？纸钱能赎命，分明菩萨是贪官！”来指责我们这些宗教、佛教是迷信。佛法跟佛教有一个根本性的差异，佛法是要用智慧来了解它，了解了是要来解决自己生命问题的，但是佛教已经是器世间，它占有了寿者相、占有了人相、众生相和我相，所以它要遵守这个法则，“法久必生弊”，有很多很多不好的地方，所以我们要正面的了解和区分佛法，佛法是不垢不净、不生不灭、不来不去的。但是佛教是随着外在的环境变化，而随时有变化的，慢慢体会“是法平等，无有高下”这个道理。

请大家跟我合掌
愿消三障诸烦恼
愿得智慧真明了
普愿罪障悉消除
世世常行菩萨道
普愿一切见者闻者听者
远离痛苦之因、痛苦之缘、痛苦之业
普愿一切见者闻者听者
建立解脱之因、解脱之缘、解脱之业
普愿一切见者闻者听者
快乐安详得以解脱

愿一切众生

快乐安详得以解脱

愿一切众生

快乐安详得以解脱

愿一切众生

快乐安详得以解脱

第二十四品

福智无比分

请大家合掌

南无本师释迦牟尼佛

南无本师释迦牟尼佛

南无本师释迦牟尼佛

无上甚深微妙法

百千万劫难遭遇

我今见闻得受持

愿解如来真实意

"须菩提！若三千大千世界中所有诸须弥山王，如是等七宝聚，有人持用布施；若人以此《般若波罗蜜经》，乃至四句偈等，受持、为他人说，于前福德，百分不及一,百千万亿分，乃至算数譬喻所不能及。"

福德、智慧都没有办法来比较比量，所以福智无比。须菩提！如果三千大千世界中所有诸须弥山王，三千大千世界，每一个世界都有一个喜马拉雅山这么高，"如是等七宝聚"，有人拿来用作布施，然后另外一个人啥也没有，他只有《金刚经》，《金刚经》还不能全部记得，只能背上其中的四句，甚至四句也不能背下来，只能明白这四句的道理，"四句偈等，受持读诵，为他人说"，那么两者相较，修行此经的功德与前一人的三千大千世界，七宝布施的功德哪个大？还是"百分不及一,百千万亿分，乃至算术譬喻所不能及"。

可以看到大家是如何尊敬《金刚经》，如何尊重佛法和佛教了。据说昭明太子把《金刚经》分了三十二品之后，有一种传说叫"割裂佛经，等同出佛身血，生下了地狱"。因为佛经它是个完整的体系，不能够被割裂的，他人为地强分了三十二品，所以传说他下了地狱。如果依据《大乘起信论》，我们每一个佛弟子，跟佛陀来学习佛法的时候，基础是不一样的。有人听一个字而得多解多义，有的人听了多句多文，然后只能了解一点点；有的人不但多文还要多解，这个人就也许成为一个融汇贯通的大家，根性是不同的。

请大家跟我合掌

愿消三障诸烦恼

愿得智慧真明了

普愿罪障悉消除

世世常行菩萨道

普愿一切见者闻者听者

远离痛苦之因、痛苦之缘、痛苦之业

普愿一切见者闻者听者

建立解脱之因、解脱之缘、解脱之业

普愿一切见者闻者听者

快乐安详得以解脱

愿一切众生

快乐安详得以解脱

愿一切众生

快乐安详得以解脱

愿一切众生

快乐安详得以解脱

2008 年 3 月，北京甘涧禅修中心讲经现场

第二十五品

化无所化分

请大家合掌

南无本师释迦牟尼佛

南无本师释迦牟尼佛

南无本师释迦牟尼佛

无上甚深微妙法

百千万劫难遭遇

我今见闻得受持

愿解如来真实意

“须菩提！于意云何？汝等勿谓如来作是念：‘我当度众生。’须菩提！莫作是念。何以故？实无有众生如来度者。若有众生如来度者，如来即有我、人、众生、寿者。须菩提！如来说：‘有我者，即非有我，而凡夫之人以为有我。’须菩提！凡夫者，如来说即非凡夫，是名凡夫。”

须菩提你又怎么样想呢？你们不要认为，如来有那么一个想法，生起个念头：我应该度众生。须菩提，不要作这样的念头，不要这样想，也不要这样说，为什么呢？实实在在地说，有没有众生让如来度呢？实在是没有让如来度的众生。

我经常跟佛教徒开玩笑，拿着大把的香给佛烧去了，去旅游时看到很多的庙前都写着“请勿拍照”，那些国家级的文物当然要保护，但是从宗教的层面上来说，你把佛像拍到照相机里面带回家去，是不是佛又多了一个化身？你看，度众生，实无众生如来度者。

我又经常问大家，佛是怎么度众生的呢？缘。没有条件确实什么都成就不了，所以要靠这个缘来度众生。但是儒家的孔老夫子的教学叫“有教无类”，是佛、菩萨跟孔老夫子截然不同，佛是说“只闻来学，未闻往教”。什么意思呢？因为佛证道之后，他发现他证得了的那个法，关于空性的道理，关于缘起的道理，关于生命这种流转的道理，没有办法跟世间上的任何一个人去分享，所以他就想算了，我一涅槃就算了。但是孔老夫子的教育是不一样的，他知道怎么样？“吾十有五而志于学，三十而立，四十而不惑，五十而知天命，六十而耳顺，七十而从心所欲不逾矩。”他有这样一个次序，但是佛陀没有。《金刚经》也是这样，该吃饭就去吃饭，该托钵托钵，托完钵吃完饭了，该洗脚洗脚，该打坐打坐，无所事事。所以百丈禅师曾经作过一首诗，说“幸为福田衣下僧”，福田衣指的是袈裟，袈裟就像稻田一样被切成了很多的格格块块，所以叫做福田衣。“幸为福田衣下僧，赢得乾坤一闲人。”“有缘即住无缘去，一任清风送白云。”就是这个样子。但是有些人不准这些闲人闲下来，所以就把他逼出来，干吗呢？弘法建道场，所以像永明延寿禅师就这样，“做梦中佛事，建空花水月道场”，做得很累，很辛苦，但是它叫做梦中佛事，空花水月道场。这是菩萨行为，但是佛“只闻来学，未闻往教”，他没有那样子，所以佛是如何度众生，一定是观察因缘，有缘才度，没缘他可以装傻充愣。所以善知识，有时候是似傻还痴的那个样子。

“若有众生如来度者”，如果有众生如来度者，如来会怎么样？如来首先就有一个，我是能度之人，众生是我所度之人。那我要度这个人，一定要有一个具体的度的方法，对不对？所以众生相就出来了，那既然要度他，不是每一个根性都那么好，听佛讲一次，就马上往天上一走成阿罗汉了，还得反说、正说、黑说、白说、长说、短说的，是不是？所以寿者相也就有了，因此说“无众生如来度者”。

“须菩提，如来说，有我者”，会怎么样？就不是真的有我，而是假言有我。为了大家方便，互相交流，所以假言有我，但是凡夫之人就以为有个实实在在的我，不但认为有个实实在在的我，还认为有个实实在在的佛、佛教、佛法、佛学、佛门。你看“天宇虽宽，不润无根之草；佛门广大，难度无缘众生”，还是讲一个缘。我们知道戒、定、慧是为了干吗呢？对治贪、嗔、痴，然后用的工具是身、口、义，达到的结果是觉、正、净，依赖的对象就是佛、法、僧，这是佛法。那佛教呢？有教主、有教义、有教团组织，教团的不同传播区域和形式，以及有它的历史演变发展、改善以及退后和消亡。凡夫就把这些当成实实在在的有一个我。

须菩提，我刚说到凡夫了，你又认为凡夫是实实在在的了。“凡夫者，如来说则非凡夫。”这几句话可以来注解《坛经》。《坛经》里面的六祖很了不起，在五祖身边待了八个月，五祖年老了，想把佛法传下去，就跟这一千徒众说，你们去看看各人心中自性中生起的智慧，做个偈子来，展现一下你们多年入山学到的体会，谁要得到了，那我就把衣钵传给他。神秀大师是他的上首弟子，在六祖没来之前就是首众，所谓首众，相当于一人之下，万人之上。神秀作了一个“身是菩提树，心如明镜台。时时勤拂拭，勿使惹尘埃”的偈子。那六祖呢？他大字不识一个，个子又小，脸又黑，在厨房里面舂米，他个子小嘛，所以腰里绑一个坠腰石，现在这块石头还放在广东南华寺藏经楼的楼上。这个石头往这一绑，前面一个厩，石槽子，然后把大米搁在里面就捣呀捣，把米壳破碎，把大米捣出来。寺庙一般是都用人工，本身就是要磨这些修行人的心性，专门做这些体力活。像我们去柏林寺出家，都得先干体力活，所有的佛法就是干活干活，一天把你累得想逃，然后没有你的任何发言机会，就觉得庙里的教学太莫名其妙了，一点人权也没有。但是随着你慢慢地对自我的降伏，你会发现那个教育方法真的很美妙。所以现在我也开始慢慢掌握了一些技巧，教我的这些小徒弟们。

大家听了神秀的偈子，都说这个偈子不错。五祖说：“依此偈修，免堕恶道；依此偈修，有大利益。”一个小沙弥念着这个偈子到了厨房，六祖一听，问这是什么意思？小沙弥说五祖说要依这个修可以免堕恶道。六祖说请你带我到那儿去看看，我也想去供养供养，磕头瞻礼一下。小沙弥便把他带到那个廊檐下，正好有个姓张的别驾，别驾相当于现在的市政府外办副主任的一个官职，六祖说我也有一偈请你帮我写下来，那个张别驾说，你还能做偈？六祖说，“不得轻于初学。下下人有上上智，上上人有没意智。”这个张别驾一听，好！我帮你写了，你一旦得法，得度了，第一个先来度我啊。功利心就出来了，给六祖写了：“菩提本无树，明镜亦非台。本来无一物，何处惹尘埃。”一下子，中国佛教从此就是开天辟地，可以说是一声春雷，整个印度佛教就变成中国化的了，就因为这二十个字。“菩提本无树”，也就是觉悟本来是不需要有什么东西的，“明镜亦非台”，梳妆台叫明镜，照镜子。“本来无一物”，缘起性空的，既然一切皆空的，尘土、尘埃是不是空的？既然它本身是空，它又怎么能污染这个镜子呢？既然是本无污染、本来皆空，你这个拂拭本身、擦洗、工具、方法是不是也都是空的？

五祖一听，好，这家伙厉害，给六祖的头上当当敲三下，六祖也明白了，半夜三更，来到五祖的房间，用袈裟把窗一遮，让外人不知。五祖便给他讲《金刚经》，讲到第十品，“应无所住，而生其心”，六祖豁然大悟，连说五个何其，“何其自性本无生灭，何其自性本自清净，何其自性本自具足，何其自性本不动摇，何其自性能生万法”。关键是这第五个，能生万法，所以空和有彻底融为一体了。五祖怕人害他，连夜把他送走了。那这里又是一个故事了，既然同是修行人为什么还会有人要害他？大家想没想过？大家千万不要以为有了宗教信仰的人就具备了宗教情操，有宗教情操的人又不一定需要宗教信仰。因为在他的定位、他的感知、他的生命实践里面，宗教情操确实是对他人无条件的善，克尽职守、敦伦尽分，尽可能随缘尽分地服务社会、帮助他人，在他就够了。所以一个有宗教情操的人，不一定是以一个宗教徒形象出现的。反言之，以宗教徒形象出现的，不一定是具备了宗教行持与宗教情操的人。因此我们到名山大川的寺庙里去烧香火，万一被某些人坑了、骗了，本来三块八毛钱的香让你交了一千三百八十八，你欢喜接受就完了。你反思一下自己是不是也有贪得之心？反思自己，这就是学费。但是我们好多人，上了这一次当，就认为天下的寺庙和尚全是这样，一块臭肉搅得满锅腥，所以现在我们的寺庙，我们这些和尚替这些人背了很多骂名。有一些名山大川的旅游景点，花钱请几个老乡穿着和尚衣服，白天在这里招摇撞骗，到晚上摩托车一骑，烟一叼，卡拉 OK 去了，花天酒地去了，甚至是吃喝嫖赌去了，然后他们还拍了照片，认为这就是和尚的作为。哎呀我们这些和尚冤死了，真是比窦娥还冤。那也就是让我们自己有一双慧眼，有一双法眼，有一双天眼，还得有佛眼，当然这一切都建立在人本上的，以人眼观之，人皆是人；人就是善恶交参，就叫做人。要知道人的本性善念和恶念各占一半，就是人的定义。他不是至善的，至善的就叫做圣贤了。

再回到六祖，六祖得法之后，出来接引徒众、接引弟子们，他的方法很简单，“一念觉则凡夫即佛，一念迷则佛即众生”。你看回到这里来，“凡夫者，如来说则非凡夫”。凡夫若觉，即是觉者，觉者若迷呢？即是凡夫。所以在觉与迷之间有没有一个本质的差异？没有。

请大家跟我合掌
愿消三障诸烦恼
愿得智慧真明了
普愿罪障悉消除
世世常行菩萨道
普愿一切见者闻者听者
远离痛苦之因、痛苦之缘、痛苦之业
普愿一切见者闻者听者
建立解脱之因、解脱之缘、解脱之业
普愿一切见者闻者听者
快乐安详得以解脱
愿一切众生
快乐安详得以解脱
愿一切众生
快乐安详得以解脱
愿一切众生
快乐安详得以解脱

第二十六品

法身非相分

请大家合掌
南无本师释迦牟尼佛
南无本师释迦牟尼佛
南无本师释迦牟尼佛
无上甚深微妙法
百千万劫难遭遇
我今见闻得受持
愿解如来真实意

“须菩提！于意云何？可以三十二相观如来不？”须菩提言：“如是！如是！以三十二相观如来。”佛言：“须菩提！若以三十二相观如来者，转轮圣王即是如来。”须菩提白佛言：“世尊！如我解佛所说义，不应以三十二相观如来。”尔时，世尊而说偈言：“若以色见我，以音声求我，是人行邪道，不能见如来。”

前面都是以色见我，以身见我，那这里说“可以三十二相观如来不？”用的词是不一样了，所以意思也不同了。须菩提说是呀，是呀，“以三十二相观如来。”你看前面是“见”，以色见我，以相见我，这里是“观”。“见”是一个境界，“观”是一个境界。“般若”在这里分几个层次，第一个叫做文字般若，白纸黑字；然后观照般若，你要依照这个去思考，叫做观照般若；还有境界般若，有些境界你当下就能够进入那个状态，比如说，去参加葬礼，那个时候什么功名、地位，什么恩怨，都“憎爱不相关，长伸两脚卧”了。那个状态，放的那一刹那，他也会生起一个境界，叫境界般若。那还有一个实相般若，就是直接切入到那个实相的境界，一切皆空，无常、无我、缘起，直接进入那个状态叫做实相般若。

须菩提说，是呀，是呀，可以三十二相观如来。佛言，须菩提，如果用三十二相观如来怎么着呢？“转轮圣王即是如来。”转轮圣王是印度的一个政治理念，或者是一个政治幻想吧。转轮圣王分金轮圣王、银轮圣王、铜轮圣王和铁轮圣王。一个轮王呢，他有七宝，比如象宝，相当于宠大的军队。比如轮宝，就是如意轮，像哪吒金刚圈那样的。还有女宝，他有女孩子在身边，他不需要任何香料，但是整个宫廷总是有很美妙的香味。然后还有一个特别聪明睿智的大臣在他身边，帮助他处理事情。这就叫转轮圣王。那他长得也是福相庄严，有三十二大丈夫相，法轮圣王的相和佛相是一样的，但是法轮圣王他仅仅是人中的国王而已，他的智慧还没有完成，只是他的福报足够大。那如果你执相而求，就不行了。转轮圣王的七宝跟《金刚经》所说的七宝布施中的七宝是不一样的。

须菩提白佛言，世尊，我知道，如果按照我的理解，不应该以三十二相观如来。“尔时，世尊而说偈言”，因为印度这个民族，不注重历史，也不注重文字的传承，像现在佛陀生活过的那些八大胜迹，完全是因为当时退休的英国驻印度总督下属的一个官员，因为对印度感兴趣，所以组建了一个大概只有四个人的考古队，他们按照玄奘法师写的《大唐西域记》，才把这一个个圣地给挖掘出来。所以说印度民族是不注重这些历史记载的，学习就靠老师教，然后学生们记，为了记忆方便，经常把前面说的散文性的东西，用诗歌的方式再说一遍，所以叫做偈诵。

“若以色见我，以音声求我，是人行邪道，不能见如来”，若以色见我，看看现在我们佛教徒有多少是以色见佛？不以五戒来安身立命，却以烧香多少来贿赂佛陀的像，以磕头多少来取悦偶像傀儡，而不是自己内心的谦卑生起了多少，所有的谦卑不是用来对傀儡偶像的，是用来对生命与生命之间的。磕头是为了降伏骄慢，降伏了骄慢之后，是与人如何的相处之道。绝对不是磕完头后，就可以这样耀武扬威地看别人，你看你不磕头下地狱，你不吃素下地狱，我们现在佛教徒经常是这样子，逮着一个就问，你还没皈依？那你就完了，这辈子做人，下辈子地狱等着吧。

我记得有一年，我刚从中日友好医院出院，到怀柔去。一个老太太的孩子是怀柔一个知名企业的副总经理。有一天下大暴雨，闪电雷鸣。闪电雷鸣是个自然现象，可老太太却睡不着，大半夜的，在床上赶紧烧香、点蜡、磕头作揖什么的。我到她家后，她的孩子说：哎呀，师父，闪电雷鸣没把我吓着，我妈妈对闪电雷鸣的态度可把我吓得不轻。你也不知道她是巫婆还是神汉，反正这个态度，就是让人恐怖，让人对佛教根本不敢接近。所以我们如果能够真正把佛法这十五个字融汇于心，佛法就真正在生命里。哪十五个字呢？先是三个字：佛、法、僧。佛是一个觉者，觉者的意思是他是人，不是神；他有智慧而不愚痴；觉者还有一层意思，他看到了作为人类生命的残缺与不圆满，在八苦交集面前人人平等。所以觉者他找到了这种灭苦之道，因此佛不是独自享用，而是让所有的生命共享。法不是他创造，而是佛以他的智慧发现的生命的实相，他毫无保留地，毫无遮掩地公之于众的，就是法。僧就是愿意按照这个方法实践的人，每一个愿意按照佛所发现的灭苦之道，行走在这条灭苦之路上的人都叫做僧，这就叫做三宝。那么如何去走？让我们痛苦和烦恼的，既不是天神与地鬼，更不是阎王与无常，让我们痛苦和烦恼的是我们内心贪欲的力量、嗔恨的力量、愚痴的力量，叫做贪、嗔、痴。那贪欲、嗔恨、愚痴让我们不快乐，让我们痛苦，那如何去铲除它呢？用法，法的三个层面，用戒的力量、定的力量、慧的力量。所谓的戒就是过道德的、对自己负责任的生活，这就是戒。什么是定呢？就是过能够做心的主人的日子，而不做习性的奴隶。我们是习惯成自然，成为习性的奴隶，但是定却让我们做心的主人，而不是做心的习性的奴隶。那如何是慧呢？就是高度的认知、洞见力、观察力、认知力，我们不再被任何假象所迷惑，不被任何权威与经典、传统与习俗所污染，我们相信这个实实在在的，建立在智慧之上的洞见力、观察力与明晰能力。所以这就是戒、定、慧。然后我们所使用的工具，不在他方、不在他途，不在死后、也不在生前，就在我们活着的眼前、当下，我们所使用的工具，就是我们人人都拥有的身体、语言和思想。那么我们通过对身、口、意的净化，铲除了透过身、口、意表达出来的贪、嗔、痴，而完成了戒、定、慧，这个结果就叫做觉、正、净。我们不再迷了，所以愚痴熄灭了，成为觉悟者；散乱没有了，邪定没有了，我们正确了；然后我们的污染没有了，干净了，所以修行的结果到达了那个极致、终极就叫做净。干干净净，所以涅槃有它的标志性叫做净、常、净。因此这十五个字，把整个的佛法完全界定完了。

我们来慢慢地把这十五个字随便来排练组合，中间的就是身、口、意，身、口、意再一次把佛法从宗教中剥离出来，因为身、口、意是不是人人都有的？那么贪欲的力量、嗔恨的力量和愚痴的力量也是人人都面临的，那么不甘心做这个贪欲、嗔恨与愚痴的奴隶，想要挣扎出来，解脱出来这个愿望，戒、定、慧便是都想追求的，人人都需要。那么这样一个人间的觉者，他发现的方法，然后一些已经走在这条解脱之道的人叫做佛、法、僧，实实在在，跟我们息息相关。如果我们每个人依照这个方法得到了生命的自在与自由，得到了解脱与安详，是不是就是觉、正、净？因此人人都是法的实践者，也都是法的传承者。就像传递奥运圣火一样，智慧之光我们应该人人来传递，先点燃自己再去引燃别人，这就叫是法平等，无有高下，法而如是，不需增减。不需要你去加多什么，也不需要你去减少什么，就这么做够了，如是如是，非常简单。如是而已，如是坐，如是思维，如是困了就睡，如是饿了就吃，如是迷了就醒，如是乱了就定，如是愚痴了就觉，都是如是。所以佛法叫一切现前。

我们打坐修行，最容易生起来的就是眼睛看到的，闭着之后看到的东西和坐下来听到的东西，都很正常，叫四十二种境界。但是都不离开见和闻，觉和知，叫见闻觉知。那么一旦我们知道了，只不过我们见的是我们所不熟悉的，觉得是我们所生疏的，闻的是我们没有经历过的，仅仅是经验不足，没有经历过而已，一旦接受这个教理这就叫做教育，你明白了，叫做“无师智现前”，你已经获得了老师的智慧，这个时候才可以去闭关，才可以独自离开僧团、离开大众自己去精进修行。那么要记得这个教理必须要有，没有这个教理一定会盲求瞎练，并且出了问题不知道怎么去对治，一旦出了问题再想对治就很难了。

2004年10月1日，我受广州市公安局的邀请去做广东省十大法轮功顽固分子的转化工作，共四十天。我本来从十三岁开始的失眠，到后来出家后都已经治愈了，但是那四十天又让我开始失眠了。太邪了，再救他，实在是难极了，用尽了各种办法都没有用。今年正月初四，大连宗教局和公检法部门又要请我做大连的法轮功顽固分子转化工作，我一听就头大了，但是我觉得很有意义，把这些人从生命的迷惑中救出来，那是很需要斗智、斗勇、斗心力的。

所以这个"行邪道不能见如来"，就是因为他们不了解佛教修行的次第、教理、教义，然后盲修瞎练造成的，他们确确实实有一些修行的境界，但是他把这种境界当成了实相和真理，就像盲人摸象，他没摸到象的大耳朵和尾巴，而是摸到了象蹄子，那不被踏伤才怪呢。所以你在打坐修行时如果有什么境界了，要记住这几句："若以色见我，以音声求我。"这个我就是佛的意思，如来的意思，"是人行邪道，不能见如来"。那如果有人死了，你用这四句话劝那个临终的人，这四句话就足够了。

请大家跟我合掌

愿消三障诸烦恼

愿得智慧真明了

普愿罪障悉消除

世世常行菩萨道

普愿一切见者闻者听者

远离痛苦之因、痛苦之缘、痛苦之业

普愿一切见者闻者听者

建立解脱之因、解脱之缘、解脱之业

普愿一切见者闻者听者

快乐安详得以解脱
愿一切众生
快乐安详得以解脱
愿一切众生
快乐安详得以解脱
愿一切众生
快乐安详得以解脱

2008 年 4 月，在北京黄寺大街德胜置业大厦讲解《金刚经》

第二十七品

无断无灭分

请大家合掌

南无本师释迦牟尼佛

南无本师释迦牟尼佛

南无本师释迦牟尼佛

无上甚深微妙法

百千万劫难遭遇

我今见闻得受持

愿解如来真实意

“须菩提！汝若作是念：‘如来不以具足相故，得阿耨多罗三藐三菩提。’须菩提！莫作是念，‘如来不以具足相故，得阿耨多罗三藐三菩提。’须菩提！汝若作是念，发阿耨多罗三藐三菩提心者，说诸法断灭。莫作是念！何以故？发阿耨多罗三藐三菩提心者，于法不说断灭相。”

“可以三十二相观如来不？”须菩提说可以，但佛严厉地告诉你他是不可以！“如我解佛所说义，不应以三十二相观如来。”并且还说了很严重的几句话，“若以色见我，以音声求我。是人行邪道，不能见如来。”按照我们的理解，既然不可以就不要了呗。但是佛陀看到我们的问题，他不等须菩提发问，便先“打蛇随棍上”，把你逼到别路上去，根本不让你有这个妄想、对立、分别之念。

“须菩提！汝若作是念：‘如来不以具足相故，得阿耨多罗三藐三菩提。’”须菩提你不要这样想，如来不以具足相故，得了阿耨多罗三藐三菩提，须菩提你要这样想，就有问题。发无上正等正觉之心者与法是不能说断灭的，你要认为没有三十二相了，那么佛在哪里去完成他的福德呢？佛又怎样被大家所了解和认知呢？所以于法不说断灭相。“发阿耨多罗三藐三菩提心者，于法不说断灭相。”

什么叫做断灭相？哲学上有个词叫做断见。还有一个见叫做常见，你看两个是对立的，一个叫常见，一个叫断见。在佛陀生活的时代，印度教还叫婆罗门教，大概在公元四五世纪之后才开始以印度教为主体，那这个婆罗门教是讲什么呢？种性制度。就是精神祭司阶层叫做婆罗门，它是最尊贵的；第二叫做刹帝利，是武士阶层，国王、大臣、军人，这个武士叫做刹帝利阶层；然后是吠舍阶层，农、工、商和老百姓；第四种叫做首陀罗，也就是贱民，非常卑贱、低贱的意思。所以四等种性不能通婚、不能通商，很多东西都不能。他们认为婆罗门死后还是婆罗门，首陀罗死后还是首陀罗，这就叫做常见。那常见的结果表现在政治上就是世袭，世袭的结果会怎么样？比如康熙皇帝自己能够弯弓射雕，还亲自打死过大熊和老虎，可到了他四代之后，这些八旗子弟，武功废了，军事不强了，平定太平天国之乱，反而是靠汉人为主体的湘军和淮军。所以世袭导致在政治上、军事上的变化，这是常见带来的。

那为了跟这个婆罗门教的常见对立，佛陀在证道之前，又新兴了沙门集团，叫做六师、外道。全是出家修道的人，都是对婆罗门教背叛和反抗的。其中有一个人，他就认为叫断见，因为人死如灯灭，人的一切作为都是一次性的，人死就没了。那么断见也会导致一个严重的弊端，就是为所欲为，过分放纵，过去中国传统有“举头三尺有神明”，举头三尺有神灵在管，所以冥冥之中有一个自然法则使他不敢去超越它，所以他有个敬畏之心，不敢去为非作歹。但是因为断见导致大家既然贪了也白贪，白贪谁不贪，所以断常二见在哲学上都有问题，在具体的生命管理轨迹上也会出问题。如果说了断灭相，那么释迦牟尼佛，一切的如来他没有三十二丈夫相，那我们来看，宗教的几个教主的人生际遇问题。

前段日子刚好在吉隆坡买了一本《耶稣基督行踪成谜的岁月》，书里说耶稣十二年间在印度先学了六年的婆罗门教，倡导平民、倡导草根、倡导大众，拒绝贵族，所以就被当时的人告发他，最后逃跑。到个拉萨所属的大寺庙又学习了六年佛法，然后随着耶路撒冷那边的商队又回去传教，犹太人认为他太改革，就把他打成异端邪说，所以钉上了十字架。因此他出生不可证，学习经历不可证，根据传说和神话就都不可证。但佛陀不是，每一尊佛要来到人间成佛，他自己先在天宫，也就是兜率陀天的内院，用他的天眼来观察谁最适合做自己的父母，该降生在哪里？哪个地方最容易修道，不受干扰，还受大家尊重？所以他选择在印度，因为印度这个民族非常神奇，大家都想生命的终极价值问题，所以大家都接受佛院。每一个出家修道的人，根本不用担心住在哪里，吃在哪里的问题。因为天气热，哪里都能躺下睡觉。吃的问题靠托钵乞食，乞不到的话，哪里都可以摘个果子，就够了。坐下来冥想，因为天气太热，走快了也不行，睡多了也不行，反而这么慢慢悠悠往这儿一坐，不动了，再热也没事。所以佛是以他的天眼来观察，自主地选择安栖地，在人中来投胎做人、成佛。因此他一证道，三十二丈夫相，男女老幼谁见了都尊敬，都喜欢，你说这样的人他不当老师谁当？只好当老师做和尚。只好去做佛。

但是依照佛法，佛、觉者不需要出生在王宫，他能不能证道？当然能。对不对？因为依法而熄灭烦恼，还是依相而熄灭烦恼的？是依法。但是要知道这个法需要一个载体，这个载体从个性上来说就是佛教，佛教的教团组织却被一些人攻击成不平等。这是因为佛陀一开始准许徒弟，瘸腿的也行，瞎眼的也行，聋子也行，他都一概接收。可等他证道成佛若干年回到迦毗罗卫国后，他的爸爸净饭王一看，觉得这不行，我的儿子已成为佛陀，叫世尊，人所共尊了，结果他的徒弟穿没穿的，窝里窝囊，这绝对不行，有损我孩子的形象。便强令，须是王宫贵族里面的男孩子才可以出家，还得长得帅的。王权对于佛法的干预是从那个时候就开始了，从那儿之后，佛一般不会跟社会太对着干，也无所谓接受。也是从那儿之后凡六根不具者不可出家。眼根、耳根、鼻根、舌根、身根、意根，所以盲、聋、喑、哑都不能出家。所以现在那么多人攻击佛法的不平等却攻击不到点子上。为什么不准许他们出家？这里面的道理何在？因为他们出家会受人家歧视，那些凡夫众生会因歧视这些僧人而造罪，他会诽谤僧人，这就会有个罪过，这个罪过是因为他而做的，所以本着他的慈悲，残疾人照样可以修行，并且他修行的结果毫不逊于我们正常的六根健全的人。但是为了方便，为了更深远、更广大的利益不相干的人，不让他产生歧意，所以不准这些身体残疾的人出家。那么延伸到我们中国来，是违背王法的，要送交公安机关处理，这是我们汉传佛教的管理办法，国务院宗教事务局统一制定的，这个没办法，要知道他是叫“不坏世间相，世间相常住，是法住法位”，什么叫“是法住法位”？比如一本书，被我们习俗认知它是什么法？是一本书，好，那它现在不安住于这个法位了，它要去当手纸，行吗？依据空性来讲，它当然是可以的，但是咱们习惯使用了那个柔软的手纸之后，谁还愿意使用它呢？所以是法住法位，要定好位，我们修行也一定要定好位。

现在佛教徒有两大错位，第一，院墙内的僧人本来是应该修解脱之法，却关注社会慈善事业多于修清静无为法，颠倒；那第二个错位，在家修行的人本来有正业正命，却一心想求解脱，错位。居士们经常到寺庙指责僧人不用功，自己精进用功，是不是？你们有没有发现这个道理，这叫颠倒。在家人五戒是你的法位，是你个人的道德安身立命之法，然后你去谋求正当的职业、正确的谋生方式，然后拿赚取的金钱分作四份，一份养家糊口、一份照顾父母、一份救济其他需要帮助的人、一份供养三宝和精神导师，推广教育，这是我们佛教规定的，一个人合理赚取的金钱应该分作四份来使用。但是现在广大在家徒，不好好上班、明天请假，干嘛去了？上山闭关打坐去了。打坐你就真坐，把头发剃了坐。不是，只坐三天，随时后边有个门开着，什么呀？偷心不死，投机取巧的那个心。你看那些和尚反正啥都没了，功也没了、利也没了、名也没了是吧、物质享受也没了、什么物质待遇保障也没了，养老保险、医疗保险、生育保险、失业保险全都没了，那你看我还有那些，哎呀坐三天觉得做和尚修行不是一件容易事，就跑回去了。回家待几天心又不安又跑回山上，我把这些经常在我身边跑来跑去的他们叫做“寺庙与都市之间的流浪儿”，失意、失恋、失职，这样的年轻人蛮多的，这个是很严重的问题。

那么你想社会大众怎么来认识佛教徒的，就能用这样的认知来认识佛教徒吗？这是有问题的。相反僧人应该追求什么？解脱之法，以他的道行、以他的德养来感染、利益身边的人，一个僧人可能没有学问、可能没有受过高等教育、可能也不懂得任何现代文明，但是他能淳化乡礼，以他的那个简单自然、非常原始的方法，让周边的生命都能够享受到他的善，这就是僧人的定位。有条件、有能力再去扩大，再去影响这些精英人群、知识分子、大企业家、白领，乃至决策者，普渡众生嘛。所以“是法住法位，世间相常住”。佛陀为什么放弃王位而宁愿做个和尚，因为他真是看透了，你想想看，有哪一个政体能够千年不倒，哪一个不变的政治体制能够让老百姓真正远离贫穷、远离疾病、远离所有自然灾害、远离死亡？哪一个政治理想能做到？哪一个医院能保证所有的人不病、不死？没有。所以在自然、无常、生灭法则面前，在八苦交集面前，所有的这些人为的努力都非常的具有狭隘性，它只能解一时之痛，不能解恒久之失。所以不在相外去寻求，寻求乌托邦，不在相外去追觅，找那个理想国，相反在自己内心找那种无所依的解脱和快乐。大家想想看这是不是真正的极乐，所以佛法的快乐叫做“无所依”，不再依赖任何东西，这是佛陀为什么宁可做个和尚而不愿做国王的道理。如果你拿着世间的责任来追问他，拿人的七情六欲来逼问他、拷问他，拿人的物质享受来约束他、框范他，跳出三界外不在五行中，那这些都不在他的眼里，在他的眼里就是这种彻底的解脱。

请大家跟我合掌

愿消三障诸烦恼

愿得智慧真明了

普愿罪障悉消除

世世常行菩萨道

普愿一切见者闻者听者

远离痛苦之因、痛苦之缘、痛苦之业

普愿一切见者闻者听者

建立解脱之因、解脱之缘、解脱之业

普愿一切见者闻者听者

快乐安详得以解脱

愿一切众生

快乐安详得以解脱

愿一切众生

快乐安详得以解脱

愿一切众生

快乐安详得以解脱

2005年10月，在第五届庐山禅茶会上

第二十八品

不受不贪分

请大家合掌

南无本师释迦牟尼佛

南无本师释迦牟尼佛

南无本师释迦牟尼佛

无上甚深微妙法

百千万劫难遭遇

我今见闻得受持

愿解如来真实意

“须菩提！若菩萨以满恒河沙等世界七宝持用布施，若复有人知一切法无我得成于忍，此菩萨胜前菩萨所得功德。何以故？须菩提！以诸菩萨不受福德故。”须菩提白佛言：“世尊！云何菩萨不受福德？”“须菩提！菩萨所作福德，不应贪著，是故说不受福德。”

先说一个高度智慧的道理，马上再说一个事相，所以有和无之间随时能够想怎么用就怎么用，这就是《金刚经》。“若菩萨以满恒河沙等世界七宝持用布施”，菩萨自己亲自拿来而不是让随从拿来。“若复有人知一切法无我得成于忍”，怎么叫做“一切法无我”呢？人无我、法无我，这叫做无我，“得成于忍”，“忍”，我们前几天说过忍辱波罗蜜，也就是用忍辱的方法到达解脱的彼岸。那“忍”呢？又不是单一的、狭隘的，而是有三个层面，第一个叫做“生忍”，所谓生忍就是来自于生命给我们的麻烦，我们能够安之若素。那第一个叫做“爱别离”，亲人分离，哪怕是暂时的分手都痛苦不堪；第二个是“怨憎会”，讨厌的东西总是在你身边，你想要去修行偏偏没有机会。这叫做“生忍”。即使没有这些，集体的这种力量也会压制你，让你不得自由，即使突破了这个集体，国家仍然是一个机器，让你不得自由。总归你的心、身总是有一个受局限的东西，这叫做“生忍”。你必须接受它，必须要安住它。第二个叫“法忍”，饿、渴、累、酸、困、病，下雨要躲雨、天寒要取暖，来自生活给我们的干扰，叫做“法忍”。好比说你想随便找个地方就打坐行吗？肯定不行，就是社会上所有的人都认可你，大自然也不会接受，你必须要先找个固定的地方，相对安全的地方，等到你功夫纯熟了，才有可能去别处。所以有些修行人经常在山洞里闭关，却闭不住，刚一进去第一天腹泻、第二天湿疹、第三天头痛，根本住不住。“法忍”，你能够不再受大自然给你的干扰了，这个才可以，所以是“生忍”“法忍”。到第三个叫“无生法忍”，什么意思呢？你已经超越生灭了，你已安度在无生法了，有生必有灭，你已经超越了生灭二元对立了，所以那个就是功夫了，那个境界很高了。所以一切法得成于忍，不是忍受的忍，是功夫、境界。那么“此菩萨胜前菩萨”，是“以满恒河沙等世界七宝持用布施”所得的功德，须菩提，为什么这样子呢？因为各位菩萨是不受福德故，在他的内心里边是没有这些个牵挂的。

须菩提白佛言，世尊，那怎么说是菩萨不受福德了呢？须菩提，很简单，不造福德和不受福德是两个还是一个？不受福德是说福德该造还是不该造？该造，所以要改造这个人间的残缺与不圆满，要积极地改变社会制度的不圆满，改造我们生活空间的不完满，改造人心的不完满，是不是都叫做福德？该做必为，所以菩萨就是铁肩担道义，就要做。因此很多人把佛法弄得很消极、很无为，大错而特错。你看，哪有一个人“初日分以恒河沙等身布施，中日分复以恒河沙等身布施，后日分亦以恒河沙等身布施”，这么兢兢业业地去帮助别人呢？是不是只有菩萨才能做到？只有佛教徒才能做到？最积极、最劳累、最辛苦，结果这么样辛辛苦苦的人还被当成消极，世间是不是很颠倒？

“须菩提，菩萨所作福德，不应贪著，是故说不受福德。”不贪著而已，该做就必须积极努力地去做，心态上放得很开很开。

问：**佛性既然在万事万物中都存在，那请问什么是佛性？**

答：在万事万物中存在的那个性就叫做佛性。万事万物存在是不是得有一个空间提供给他才能存在？那万事万物从物质属性上来说是不有个虚空性才能够接纳、才能够容受，对不对？虚空就像个容器一样，容纳万物。因为万事万物都存在，所以佛性才能接纳一切，才能够安住在里边，所以佛性无所不在。

问：**道家这个道跟佛性是不是一码事？还有这个佛性能不能用无形无止来描述？它这个思维是无行无止的吗？**

答：不太相近。“道可道非常道，名可名非常名”，它这个道讲的是有个实实在在的本体，但是佛家讲这个佛性，只是方便言说。什么叫做方便言说呢？当所有人都安置在极乐时候，在极乐的人还认为自己有乐吗？它就没有了，所以它还叫做“汝等比丘，知我说法，如筏喻者；法尚应舍，何况非法。”它仅仅是一个方便，教育的方便、入手，只是个教学工具，只要大家到得家来了，不管你坐船、坐车、坐飞机，都是手段而已，并没有一个实实在在的佛性。但是道家的道是实实在在的一个不可变的本体，所以它们不大一样。

问：**《金刚经》中所提到的“无住”跟《论语》中提到的“不弃”，“君子不弃”的不弃，和《道德经》中提到的上得不得的“不得”，这三个之间的异同？**

答：佛家讲这个不住啊，“无所住而生其心”，它既是一个用功的方法，也是一个根本的自然法则的现象。你想什么能住呢？太阳要是住了，后羿再射它咱们也都得干旱而死，日月不住于空、莲花不住于水、水滴不住于草间，所以产生一种生生不已的状态。“苟日新，日日新，又日新”的这个生命万象，所以你任何一个住都有问题。你说就住在三岁那么大，永远躺在妈妈怀里，能行吗？你必须要长大，都是不住。所以它既是法则又是实体、又是我们在用功的方法，它是一个全方位的。

但是儒家和道家的那两个“不弃”和“不得”呢，我觉得它们还是有点局限性，它更容易偏重于唯理的那一个层面上，在用功这个层面上不好用，有时候用起来费劲，让你很累。但是在事功的层面上，又有它们各自的不同。比如说那儒家做中流砥柱，像文天祥这一类的人在民族大义面前、气节面前，泰山崩于前而面不改色。那道家呢？你看以张良为代表人物，功成身退，然后能够恬淡无为，“狡兔尽、走狗烹；飞鸟尽、良弓藏”，去修行。但是佛家就超然一点，这些方法你可以什么都能用，只要对于生命、人生有现实价值都可以用，但用了即了，该用则用，所以它是很圆融的。

问：佛家对“涅槃”的解释是“常、乐、我、净”，这个“我”是什么意思？

答：“常、乐、我、净”涅槃四德，这个在《涅槃经》有讲到。《涅槃经》有两个，一个是北传的《涅槃经》，很长；一个是南传的《涅槃经》，很短，所以两个境界不可完全同日而语。《涅槃经》讲涅槃四德，在佛陀去世之前，一切都是否定的，涅槃不是这儿不是那儿、不是东不是西、不是黑不是白、不是无常不是非无常、不是非无我也不是非有我，一切都是否定的。到了最后佛陀说涅槃是“常、乐、我、净”，有个实实在在的解脱，在那儿，叫做“常”；有个实实在在的那个快乐了，叫做“乐”；有个实实在在的解脱那个主体了，叫做“我”；有个实实在在解脱那个的道果，叫做“干干净净”。所以“常、乐、我、净”跟佛陀证道之后的前十八年到十二年讲的，“诸行无常，诸法无我，诸受是苦”，身受心法“观身不净，观受是苦，观法无我，观心无常”这个观点整个给否定了。那涅槃叫什么？就是烦恼的彻底止息，烦恼彻底止息的状态就叫做涅槃。再拿这个杯子来比喻，生命、修行，就是刚才我们说的“身口意”这个东西，“戒定慧”就是修行，“贪嗔痴”就是那个不乐、不常、不我、不净的东西，“身受心法”，然后解决了，当你的所有的烦恼止息，也就是你这一个杯子所有的污染都剔除了，干干净净的时候，你叫它什么？叫“常、乐、我、净”可不可以？叫“天堂”可不可以？叫“极乐”可不可以？既然是一切的污染全都没了，叫它“地狱”可不可以？所以随所在处全都是解脱，在那个时候一切的名字只有概念没有实意，因此不得已才叫了一个“涅槃”。

问："常乐我净"这个"我"跟"无我"的"我"有什么不同呢？

答："无我"就是要纠正我们凡夫认为的一个虚幻的我。妄认四大，地火水风。硬的骨骼、肌肉、毛发、指爪，这是坚硬的"地大"；还有流动的"水大"，眼泪、鼻涕、血液、尿、大便这就叫做"水大"；然后推动的"风大"是呼吸；有热量的是"火大"，我们妄认这个"四大"的缘起组合相为自身相，妄认眼耳鼻舌身意对应色声香味触法留在心底下那个浮尘、影子当成自心相。所以佛陀用了那么多年讲四大没有我、六尘没有我，四大非自身相，六尘缘影非自身相，所以叫做无常、无我，是纠正我们的颠倒见，叫四种颠倒。

哪四种颠倒？就是不常的当常见、不乐的当乐见、无我的当我见，不净的当净，这就是纠正，所以佛陀的佛法就叫对治法，对治我们的烦恼而安立的。因此很多人就说这佛陀一生讲法自身都是自我矛盾，这《金刚经》讲"是福德即非福德性"，然后说"凡所有相，皆是虚妄。若见诸相非相，则见如来"。这一边"若有善男子、善女人，初日分以恒河沙等身布施，中日分复以恒河沙等身布施，后日分亦以恒河沙等身布施"，然后又说"凡所有相皆是虚妄"，这边说"初日分，中日分，后日分"，不但这样，"过去于五百世作忍辱仙人"，被歌利王割截身体，节节肢解。节节肢解真的有吗？绝对有。那不是"凡所有相皆是虚妄"吗？怎么还"忍辱仙人"，被割截身体呢？所以整个佛教是高度的圆融，一切的言说都为了让我们把这个烦恼知见从生命中拔除，一旦烦恼知见拔除了，解脱后那个道果，叫它"道"也是、叫它"佛"也是、叫"如来"也是、叫"大便"也是。所以庄子说"道在溺屎"，就在拉屎放尿中，尿和屎都是道。

问：可以理解"常、乐、我、净"的我就是一个纯净的本性吗？

答：理解的就不是，体验的才是。

问：坐禅的目的是什么呢？是为了悟呢还是为了证呢？在那个坐禅的过程中如果已经有一些悟了，那么坐禅还有意义吗？

答：坐禅的目的就是为了禅坐。因为禅坐的目的叫“思维修”，坐下来是通过一个身体语言的框范，然后对心灵的训练，这就叫“禅坐”。禅坐什么呢？儒家不是讲究坐忘吗，坐忘，坐下来然后思维修，也叫静虑，安静地过滤掉很多不相干的东西，一心来参究无常无我，还是有我有常，参究它，所以坐在那里是来参究它，不是在那儿空心静坐的，所以要禅坐。一旦你有点悟境了，一定要百尺竿头更进一步，真悟了你会不在乎这些，再坐八万四千年你也不觉得在坐，你认为有个目的就有我了嘛，有我相了所以更得坐，既然有我相，你就还没有思虑得干干净净，就是你还没有真正明白，必须还得坐。

释迦牟尼你说是悟了还是没悟？《金刚经》打开看第一品，“次第乞已，还至本处。饭食讫，收衣钵，洗足已，敷座”而干吗？坐。成佛之后干吗？还不得坐嘛，很多人认为生活中的佛法只在生活中才有，错了，禅坐是不是生活的一部分？修心是不是生活的一部分？吃素是不是生活的一部分？都是。所以你不能把生活和佛法分成两截儿，都是生活中的佛法，佛法中的生活。

问：怎么样才能显现天眼、法眼、慧眼、还有佛眼？

答：肉眼咱已经有了，天眼嘛那就打坐嘛，打坐修。慧眼嘛，这个智慧之眼，随时都有的，在平时的日常生活中，观察任何万事万物之间的缘起，那就是慧眼。然后你观察中看到任何万事万物中间的空性、缘起、无常、无我，那就是法眼。然后你真正的平等慈悲，见一切的事全是佛事、见一切的污浊全是净土、见一切的人都是菩萨，那就是佛眼。就这么容易。

问：您刚才讲到“若以色见我，以音声求我，是人行邪道，不能见如来”，比如说人要死的时候，见到有父母过来或者是已去逝的什么人过来，甚至见到佛过来，都不要把他当真，但是在净土宗里，《弥陀经》里明明是说：“临

寿终时，假令不与大众围绕现其人前者，不取正觉。”这个怎么解释？

答：《弥陀经》所讲的是临终来接引吧？想想净土宗是几经几论？是五经一论，《弥陀经》、《观无量寿经》、《无量寿经》、《大势至菩萨念佛圆通章》、《普贤行愿品》和《往生论》。《念佛圆通章》只是民国年间印光法师把它捻出来的，在那之前一直是四经一论。《普贤行愿品》又来自《华严经》里边的第八十一品“入法界品”，所以等于只有三经一论，那《往生论》出来时，时代很晚了，是中国人造的。所以我就希望有人用天眼看看《弥陀经》、《观无量寿经》和《无量寿经》这三部经结集在什么时候，是佛陀生的时代呢，还是佛去世后三五百年才有的？看看。

所以了义教和不了义教有本质的差异。了义教是所有的人都能适用，不了义教只对极少部分人适用。每人向内心来完成佛法，也就是每个人都熄自己内心的贪嗔痴，这是任何人都适用的，但是也有极少部分人说我相信死后有个极乐世界，我愿意念“阿弥陀佛”到那儿去，蒙佛接引，这是极少部分人才适用的。但是每个人从观察呼吸入手，呼吸是实实在在的，贪嗔痴实实在在地就通过我们的呼吸表达出来，通过观察它、熄灭它，是人人都能做来的，因此了义教适合所有的生命，不了义教只适合极少的人。不要拿不了义来割裂、取代了义教，这是佛法的根本，命脉所在。

那净土宗这些年的发展有一些偏颇，开始走上一个叫做见上的烦恼，叫“五对识与五立识”。在修行上佛教的教育实际上叫做身见、边见、邪见、见取见、戒禁取见。“身见”，认为这个身实有，“边见”是两边之见，常见和断见叫“边见”；“邪见”就是认为没有因果，没有地狱、天堂，没有六道轮回；然后“见取见”和“戒禁取见”，也就是在“见取见”的思想认知上，“戒禁取见”就是在生活、行为、作习方法上的实践。现在净土宗开始倡导“放生、吃素兼念佛，必定往生极乐去”，大错特错。净业三福怎么说？ 一者，孝养父母，奉事师长，慈心不杀，修十善业。二者，受持三归，具足众戒，不犯威仪。这完全是声闻与缘觉境界；三者，发菩提心，深信因果，读诵大乘，劝进行者。彻底是菩萨行为，这才是往生净土的正因。但是吃素、放生就能往生极乐吗？是错的。“见取见”和“戒禁取见”已经彻底地把佛法给毁掉了，所以净土宗的问题是很严重的，不是在危言耸听，我们认知不到它的问题在哪里，凭什么去跟人家说：念佛吧！这个世界马上灾难来了，地震要来了，必须念佛才能解脱。人家能相信吗？不可能相信，其他宗教能接受吗？不能接受。但是每个人的呼吸都是实实在在的、每个人的心念起伏都是实实在在的，透过对呼吸的入手方便来了知自己心念的起伏，根除贪欲、嗔恨和愚痴，得到觉正净的结果，不管你信什么教，人人都能接受，所以佛是对一切众生而设教，不是针对净土宗的教徒而设教。

问：因为现实中人的根性是不一样的，真正修《金刚经》能解脱的，我觉得从历史到现在还没有。

答：因为是你觉得，不是实相如此，是你觉得，你没有试你怎么知道？对不对，所以你这个问题是个伪问题。

问：为什么有的叫“寺”有的叫“庙”？二者在这个法理上有什么区别？

答：庙，是中国传统的一种祭拜祖先的处所，尤其是以周朝为最有代表性的祭祀，主要是用来对祖先的祭祀。寺是供神佛或历史上有名人物的处所。在印度叫阿兰若、寂静处，修行人、出家人、沙门教的、婆罗门教的人聚集在一起的场所叫阿兰若，也叫寂静处。它的要求是离开村庄不要超过四华里，但是也不能太近。按照人正常步行的速度一小时是4.5公里，便于僧人托钵乞食。所以印度的寺庙叫做精舍或叫做寂静处，叫阿兰若。那来到中国了，汉明帝请来两位法师来翻译佛教的经典，就把这个清凉台舍了为寺，作为这个中国汉帝的和尚们住的地方，叫做寺。到了唐宋有很多的达官贵人，都舍家为寺、舍宅为寺。它是教化、教学之地，翻译经典之地，寺相当于大学，庙相当于这个大学里面一个系。还有庵、堂，庵一般指比较小、女众住的小庙，也是个体的修为者住的地方。道家的修行处所叫道观。

问：面对欺负人的现象时我们应不应该管？

答：佛法面对别人欺负人是既要帮助那个被欺负的人，也要帮助那个欺负人的。被欺负的是因为他的懦弱被欺负，欺负人的人是因为他的强暴欺负人，所以一个是被懦弱伤害了自己，一个是被愤怒伤害了自己，所以在佛法眼里他们都是痛苦的人。世间人的善恶对立叫除强扶弱，佛法这里是扶弱化强，不是除，是化解它。把那个弱的给扶起来，把那个强的给化解掉，所以各打两鞭吧。

问：有时一觉醒来对世间一切突然陌生了，自己对自己起了疑心，问自己是谁，生命的意义何在，是一种很难用语言描述的状态，请师父开释，这是什么回事？

答：这就是生处变熟、熟处变生的一个过程。什么叫做生处变熟呢？关于生命的终极价值、终极意义、终极定位问题开始陌生，现在你要思索它，生处变熟了。熟处变生是你熟悉的恩怨情仇、物质享受、眼前种种的色声香味触法好像可有可无，这一个状态叫熟处变生。这是个好状态，但这个状态又有点淡淡的哀愁。像那个花露水里面兑了一滴醋，不纯净，有点点醋味儿在里边，哀怨。但是没关系，短短的玩味对我们有帮助，但持久地深入到这个状态也不对。持久在这个状态就是忧郁症。

问：请问不顾及家庭的责任、父母妻儿的感受，自顾出家让父母伤心，让妻儿精神上和物质上都无所依，算不算自私和我执呢？

答：算自私。所以修行人说无我无我，最后成就一个什么我？大我。大我就必然有大爱，大爱就叫做慈悲，视天下一切年老的男人为我父、一切年老的女人为我母、一切跟我年龄相近的男人为兄弟、女人为姐妹，视一切比我小的为儿女，这就是一个大爱。有首诗说：“多情乃佛骨，无欲则仙心。”所以佛是大慈悲，不忍一切众生受苦。那从这个责任来讲，佛教的规定是这样说的，如果舍弃一个家庭但是能救一个城市，舍一个城市能救一个国家，大家想想看，是舍这一城还是舍这一国？那舍一个家庭：父母、妻子、儿女，但是让天下的苍生都能够因此而彻底获得生命的大自在和解脱，这是大责任。不仅仅从动物性的责任，也是从道义上的责任来说。

所以算不算我执呢？从一开始叫做善法欲，到最后有一个破除执取的过程，最后达到无执了就对了。但是如果就是为了自己图清静来出家，那还是在家的好，修行乃大丈夫之事，不是那些小根小量能做的。

问：执著和坚持一样吗？学佛就是学习如何生活吗？生活中有时候我们需要有坚持的精神，如何来调解？这需要智慧，当智慧不达时如何来做？

答：这个得拿一生来做实验，可不是拿一个问题和回答就能做的。我给你的建议和指导只是我的狭隘的个体经验和认知，而更重要的则需要你自己去体会。执著和坚持，比如跑接力赛，4×4 接力，你不坚持能跑下来吗？但马上就要心脏猝死了你还要跑，这就是执著了。所以它的那个临界点实际上很容易把握，叫做“世上有事，心中无事”这个态度，世上有事叫坚持，心中无事就叫做放下，如果你心上也有事、世上也有事，就叫做执著，它区分很容易。学佛就是学习如何生活嘛，因为生活不能离开智慧，学佛是为了更好的生活，而不是学习如何生活。生活的艺术已经有太多的人教你了，父母去教你、老师去教你、乃至路边的人都在教你。所以学佛是为了更好的生活，而不是就为了生活，至于当智慧不达时如何来做？傻乎乎地去做就是了。

问：如何能够脱离各种苦痛，离别苦、友情苦、疾病苦等等，敬请师父开示。

答：一切的苦都遵从一个法则就是因为有我，你没我了当然就一切苦都不存在，但如何去体验无我呢？道德说教是说你要有大无我的精神，是不是？其他宗教是说你要安住无我的那个状态，但是这些都不实在。佛法则很客观、很直接，你要实实在在禅修体验到无我的境界，这时候不需要去道德说教、不需要去宗教诱惑，你直接就知道本来就无我，那还有什么苦呢？所以禅修体验无我就自然灭苦，“照见五蕴皆空，度一切苦厄”，就那么简单。

问：**如何根据自己的根性去选择法门来修，如禅、净、密等。**

答：这我得根据你的受教育程度还有年龄来决定。比如你七十岁的人了我想你还是念阿弥陀佛最好，但是你只是二十五六岁的小伙子并且正在读研究生，我想你该尽可能的广学博文，但是广学博文的同时还要每天坚持打坐。这跟宗派不相关，每天打坐来观察自己心念的起伏，然后再用这些个文字经典来融汇于心就不一样了。你不要做只有文字的研读，那是学者的事情，然后该如何选择还是在你自己。

问：**如不选法门如何知道自己该选学哪一部经呢？不是说要“一门深入”吗？我看净空法师的书较多。**

答：所以我就觉得你该念佛，既然你已经接受他，那我也不破坏你的这个认知。还是好好的念佛，但是念佛是要信愿行，要有具体的念佛方法。念佛三昧，是因为念佛而得到定，不是念佛求往生，求往生已经在你的心里边生出一个念，所以“大乘无量寿清净平等觉经”，既然是清净里边还有个平等就错，既然是清净还有个正觉，又错。所以这个会集本的《无量寿经》，我们佛教是反对的，真正我们推广的是康僧铠译的《无量寿经》，要记住这个版本。那么你看了某人的录像带就认为他是权威，佛已经一而再再而三地说莫相信经典所说、莫相信权威所说、莫相信习俗认知所说，要相信自己的心。所以念佛得三昧，然后自然中生起了平等、正觉与慈悲，它是原本有而不是你要刻意生，刻意生又已经不清净了，这点关键，所以念佛要得法。当你一心清净了，一切唯心造，净土就是“生则决定生，去则实不去”，《往生论》说的很透彻，生，决定生了净土，但去并没有离开本地，随其心净则佛土净，这就是净土。我经常逼问那些念佛的人，“阿弥陀佛”翻译成汉语叫什么意思？《无量寿经》叫无量光、无量寿，无量光也就是光照明之意，照没照到我们这个世界？照到了，既然照到了我们是不是极乐世界的一部分？那你还生它干嘛？他们一听我这么说就想了一会儿，反驳我说，极乐世界是在西方不在这儿。所以六祖早就说了：“若言下相应，即共论佛义，若实不相应，合掌令欢喜。”阿弥陀佛，善哉善哉，那你还是这么念佛吧。所以这个蛮有意思，对于修行很有意思。

问：佛性是非自然性、非依人性的，那这个东西是不是超出了自然法则呢？因为在基督教里面说上帝是不受自然法则来约束的，就是涅槃以后，他是在自然法则之内呢？还是已经在自然法则之外呢？

答：那我问你涅槃是不是自然法则？在上帝创造世界之前，这世界存在还是不存在？存在。那上帝是不是万能的？他是一个人格神对吧？但不是的，按照《摩西十戒》所述，那年摩西出埃及把海分开，这边载歌载舞，那边摩西在那山顶上受到上帝神启的十条戒律，这说明还是有实实在在的上帝的。依据佛教，上帝实有，但是上帝不是万能，上帝也不创造，上帝只不过是天人的一种，他有天眼，能看清这些东西而已。所以佛教很尊重这一切宗教，也给这些宗教提供了一个有效的解决之道。所以非因、非缘、非自然，是指心的空性这个层面，心在外用这个层面有因有缘有自然，一切都在自然之中。但印度当时有个叫“顺世论”的外道，它的思想是认为这一切既然都是自然法则，那么该杀生也是自然法则，该偷盗也是自然法则，这就彻底地倒向了消极无为。

请大家跟我合掌

愿消三障诸烦恼

愿得智慧真明了

普愿罪障悉消除

世世常行菩萨道

普愿一切见者闻者听者

远离痛苦之因、痛苦之缘、痛苦之业

普愿一切见者闻者听者

建立解脱之因、解脱之缘、解脱之业

普愿一切见者闻者听者

快乐安详得以解脱

愿一切众生

快乐安详得以解脱

愿一切众生

快乐安详得以解脱

愿一切众生

快乐安详得以解脱

第二十九品

威仪寂净分

请大家合掌

南无本师释迦牟尼佛

南无本师释迦牟尼佛

南无本师释迦牟尼佛

无上甚深微妙法

百千万劫难遭遇

我今见闻得受持

愿解如来真实意

“须菩提！若有人言：如来若来若去、若坐若卧，是人不解我所说义。何以故？如来者，无所从来，亦无所去，故名如来。”

这个品也分得好，寂静就是说不动，威仪呢？就是显现的威仪，行、住、坐、卧。既威仪又寂静，既寂静又威仪，说的是什么呢？

须菩提，如果有人说，如来好像来了，好像去了，好像坐的，好像卧的，世人怎么认为？“不解我所说义”，为什么？因为如来者无所从来，也无所去，所以才叫做如来。那么各位想想看，释迦牟尼到底来没来？来了？所以若来。那释迦牟尼有没有涅槃，有没有去？有。今年是佛去世后2552年，他出生在迦毗罗卫国，是净饭王的长子，并且是以太子的身份继承王位，爸爸叫什么，妈妈叫什么，叔叔叫什么，姨母叫什么，全都有真名实姓。全都是实实在在的，为什么不能够认为有一个如来在若来若去，若坐若卧呢？如来，如其本来的意思。不但如来如此，宇宙间的万世万物叫做诸法，诸法皆如其本来。如其本来是什么样子呢？如其本来的自然现象，生命与无生命有没有来去？虚空粉碎了，回到自然，那自然在哪里？又在虚空。这不是“鹿旁即马，马旁即鹿”吗？没有回答，成为戏论。万事万物，无所从来，亦无所去，故名如来。我们认为的一切“不常即常”，所以佛说的对治法用无常。我们的世界一切都是在变化、生灭，但是我们不接受，不了解，所以把一个生灭变化的世界认为恒常不变，所以我们痛苦。

现在有一类解释，他完全用科学来注解这一段，他说我们用肉眼观察到的生灭变化是很粗的那种变化，很微细的我们并不知道。微细到什么程度呢？这就得依据现在科学的手段了，比如我们的电、声、光，他的生灭速度是多少？每秒钟十的二十二次方，这就是电流的速度，我们肉眼观察不到，所以我们把一个相似的寿者相，电流的流动认为它是不变的，是吧？比如咱们在物理试验做串联小灯泡时，当电很微弱很微弱的时候，会看出先后亮起的顺序，可是电量足够强足够稳时，是一瞬间就亮，但是这一瞬间实际上还是有先后。所以我们被自己的假相蒙住了。那佛陀以他的智慧之眼观察到这个实相，告诉我们，抓住的那个不生灭的相，实际上是生灭相。

所以佛法叫做难信之法，什么叫做难信呢？这些道理，这些自然法则，是本来就这样子的，不生不灭的，不来不去的。本来就这样我们相信不相信？不相信。我们一定认为有一个生死之外的解脱在那儿，有一个自由在束缚之外等着我们，没有想到在所有的束缚之中，我们本身就安住在大自然之中。

所以佛在《涅槃经》里面跟弟子们讲，菩萨们看到佛要涅槃了没有人哭，大家知道这只是一个游戏，因为佛无所从来也无所从去。但是阿罗汉弟子们，像阿难呀，很多弟子就痛哭，捶胸顿足的，就跟咱们普通人没什么两样。老师走了，人间没有灯了，火炬灭了，佛去之后我到底依靠谁？哭啊哭啊，但是你看文殊菩萨、观音菩萨他们在佛陀身边好像看游戏一样，在凡夫看来这些菩萨怎么有些无情寡义的。所以我们所谓的情义，实际上是妄，是妄念。

但是你说“佛说情义者即非情义，是名情义”，从此我都寡恩薄义的，行不行？那中华民族的民族之本，滴水之恩当涌泉相报就给否定了吗？我们是以孝传承，以孝治国的，因此在古代常说寻忠臣需从孝子中去找。我们这是有它的虚幻性，所以一切法都是很虚幻的，但是在虚幻中有一个实实在在的不虚幻的，那个不虚幻的就是没有生没有灭，没有来没有去。因此当年龙树菩萨就做了一个《中论》，叫诸法不生亦不灭，不来亦不去，不一亦不异，不垢亦不净，叫八不。我们可以无限地推演，是不是？不长亦不短、不黑亦不白，等等。所以我们要慢慢体会，金刚经这些个道理都是让你坐下来慢慢玩味的。

我们再来看佛所揭示的自然现象，在我们心念叫做生住异灭。是个生灭相，生，生起一个念头；住，住一段时间；然后异，变异、变化。那从我们个体生命现象上说，叫生老病死。从一个事物的发展，叫起源、经过、高潮与结尾，任何一个事情，一个王国都如此。那从外在的山河大地，这些无情的生命，叫做成、住、坏、空。所以整个从外在的无情生命，到我们的个体肉体生命，再到我个体生命内在的心灵内心，无不遵从这个自然法则，成住坏空，生住异灭，生老病死。所以佛陀是高度概括、高度归纳、高度认知和洞见。

请大家跟我合掌
愿消三障诸烦恼
愿得智慧真明了
普愿罪障悉消除
世世常行菩萨道
普愿一切见者闻者听者
远离痛苦之因、痛苦之缘、痛苦之业
普愿一切见者闻者听者
建立解脱之因、解脱之缘、解脱之业
普愿一切见者闻者听者
快乐安详得以解脱
愿一切众生
快乐安详得以解脱
愿一切众生
快乐安详得以解脱
愿一切众生
快乐安详得以解脱

第三十品

一合理相分

请大家合掌

南无本师释迦牟尼佛

南无本师释迦牟尼佛

南无本师释迦牟尼佛

无上甚深微妙法

百千万劫难遭遇

我今见闻得受持

愿解如来真实意

“须菩提！若善男子、善女人，以三千大千世界碎为微尘，于意云何？是微尘众宁为多不？”须菩提言，“甚多，世尊！何以故？若是微尘众实有者，佛即不说是微尘众，所以者何？佛说：微尘众，即非微尘众，是名微尘众。世尊！如来所说三千大千世界，即非世界，是名世界。何以故？若世界实有者，即是一合相。如来说：‘一合相，即非一合相，是名一合相。’须菩提！一合相者，即是不可说。但凡夫之人，贪著其事。”

须菩提，如果有善男子、善女人，把三千大千世界碎为微尘，会怎么样？那么像这样的微尘众，多不多？须菩提说，当然甚多，世尊。何以故呢？“若是微尘众实有者，佛则不说是微尘众”。那佛法认知从色法上占有空间、占有体积、占有形象，能够被我们的眼根所认知的色法叫做“有表色”，是可以被看见的。还有一些色法是无表色的，比如说微电波、电流，比如风，风看不见摸不着，是因为有参照物才有。所以有表色、无表色，都是色法。

所以“若是微尘众实有者，佛即不说是微尘众，所以者何”呢？佛说微尘众，是假名微尘众，它不是有个实体的微尘众。比如说把最小可见的颗粒七等分，再聚合成一个微尘，把十个、百个、千个、万个、亿个微尘聚在一起，就叫做什么？可能叫做土，可能叫做山，可能叫做树。因此在这一点上“一合相”，什么叫一合相？诸缘和合而生，就叫一合相。一合相只有在《楞严经》中解释得最透彻。山河大地、日月星辰如何聚集、显现成被我们所认知，全人类的眼里地球是共同的，大家都能接受它是地球，这叫做共业。但是在共业中又有别业，虽然我们都生活在中国，但有人生活在南方，有人生活在北方，有人生活在水深火热之中，有人生活在天堂之中。因此佛法的体性叫做平等不碍差别，差别不妨碍平等，就因为他一切平等，所以才显现的出差别相，但是差别中又有一个无分别的平等。比如说，我们都用脚踩着大地，作为每一个个体生命来讲，在这件事上是天赋的生命权，不叫人权，佛法的这种平等是生而平等，是生命的自由和权力，是本来如是。比如从出生到死亡，这个过程可能不尽相同，但是从出生到死亡，这个现象是人人平等的。也许这个过程中，有各种各样的欲望得到满足就欢喜，有各种各样的欲望得不到满足就悲伤，尽管发作时间不同，发作程度不同，发作力度不同，但是对生命本身的干扰，让它不自在不快乐，是完全平等的，因此无论从哪个角度，最后都是“是法平等，无有高下”。

世尊！如来所说三千大千世界，又不是世界，是名世界，为什么呢？如果世界实有，就是一个一合相。本来没有世界，按照佛教的宇宙观、世界观，这个世界最中心的是什么？经常看到火山爆发是什么大？火大，所以在海面上也经常升起火光，海水里面火大孕育其中。然后是地大。地球上到底水多还是陆地多？水多，水包着土，也就是包着地大，然后这个水为什么不流失到别的星球去呀？是风大给它拖住了，所以风大在外，然后水大其次，然后地大再次，火大在内心。

2002 年，有几个清华大学和中科院的小伙子，都是佛教徒，发心做了一本书《佛学观与科学观》，后来据说其中一个小伙子已经出家了。因为他作为一个物理学家，作为一个科学家发现他研究来研究去的关于生命的实相、宇宙的实相，佛早就已经告诉我们了。所学的、所问的，都已经没有意义了，所以他就出家了。

所以“一合相”就是这样的，地、水、火、风，还有个空。风从哪里刮来？虚空中刮来，到哪里停呢？停进虚空去。所以地、水、火、风、空，这个叫做五大，构成我们宇宙基本的五大因素。见和识纯粹是生命的，如果只有地、水、火、风、空这五大，只有自然，没有生命，但是有了见和识，才会有有情生命，因此一个星球有没有生命，以有见有识为标志。那以现在的科学认知，我们认为月亮上不能有生命居住，火星上不能有生命居住，太阳上不能有生命居住，是不是呢？不一定。因为生命的种类是无穷尽的，生命的现象无穷尽。《金刚经》一开始就说了，所有一切众生之类，若卵生、若胎生、若湿生、若化生、若有色、若无色、若有想、若无想、若非有想非无想，九类众生全都包括了，所以生命种类应该是无限的。所以有大预言家预测未来三十年的战争，是因为自然资源的掠夺。须菩提，那就是不可说，因为说了就是错，但是凡夫之人贪著其事，就是这个道理。

请大家跟我合掌

愿消三障诸烦恼

愿得智慧真明了

普愿罪障悉消除

世世常行菩萨道

普愿一切见者闻者听者

远离痛苦之因、痛苦之缘、痛苦之业

普愿一切见者闻者听者

建立解脱之因、解脱之缘、解脱之业

普愿一切见者闻者听者

快乐安详得以解脱

愿一切众生

快乐安详得以解脱

愿一切众生

快乐安详得以解脱

愿一切众生

快乐安详得以解脱

第三十一品

知见不生分

请大家合掌

南无本师释迦牟尼佛

南无本师释迦牟尼佛

南无本师释迦牟尼佛

无上甚深微妙法

百千万劫难遭遇

我今见闻得受持

愿解如来真实意

“须菩提！若人言：佛说我见、人见、众生见、寿者见。须菩提！于意云何？是人解我说义不？”“不也，世尊！是人不解如来所说义。何以故？世尊说：我见、人见、众生见、寿者见，即非我见、人见、众生见、寿者见，是名我见、人见、众生见、寿者见。”“须菩提！发阿耨多罗三藐三菩提心者，于一切法，应如是知，如是见，如是信解，不生法相。须菩提！所言法相者，如来说即非法相，是名法相。”

佛教的解脱叫做五分法身香。我们现在到寺庙里去都是为了请个香，目的是为了心愿得以灵验，一根不行三根，三根不行九根，九根不行九捆，九捆不行九火车皮，认为这才有功德。但是佛教真正的五分法身香，第一个叫做戒香，因为你持戒。持戒，在家人有五戒，有八关斋戒，有菩萨戒，有六重二十八轻菩萨戒；出家人有沙弥十戒、女众有沙弥尼十戒，比丘二百五十戒，比丘尼三百四十八条戒，因戒而生香。

大家都知道，有些人会因为自然环境或自身原因，身体会产生出种种气味。但是你看有些老道、和尚，作为一个修行的人，脏兮兮的，好久不洗，却没有异味，就是因为他持戒而来的香。所以他叫戒香。然后他生起定，有定的香。那你想想“听君一席话，胜读十年书”那是不是慧香？智慧的香。然后还有一个叫解脱香，这个人从所有的烦恼中解脱出来了，你在他身边，不听他说话，就跟他走一走，看着他，笑一笑，你就解脱了，你就分享得到。解脱知见香。如果认为自己解脱还没有到家，已经超越了解脱不解脱，这样的人，他可以“合其光而同其尘”，可以秽身溺迹，让自己像个厕所一样的，跟别人打成一片。溺迹，专门让自己的行为很污浊。很多的大修人，让自己的行为很污浊很污浊。为什么？因为他发现这个度众生太难了，算了，他自得其乐吧。这样的老和尚很多很多。

像我师父的老师公，解放前在武汉时，每天晚上关了山门，他却从一个小洞钻出去，拎一个小酒葫芦跟人家打牌去了，天天醉醺醺地输了钱回来，给那一点点供养全喝了酒和赌出去，天天如是。但是呢，他老人家死得却很开心，他说我明天要走了，大家都以为这个家伙在胡说八道，整天不务正业的，说明天走就走了，不让任何人牵挂。预知时至呀，这个修为功夫很深的，他能自己知道离开的时间。他不是死，他只是搬走了而已。他的寄居的这个肉身，地水火风空，怎么了？放下了。然后那个识呢？到另外一个地方去，他知道，所以叫解脱。

“知见不生分”，如果我们认为自己还有解脱，那功夫就还不到家，也就是第九品所说的，“须陀洹能作是念：‘我得须陀洹果’不？斯陀含能作是念，阿那含能作是念，阿罗汉能作是念，‘我得阿罗汉道’不？”没有。如果阿罗汉作是念，我得阿罗汉道，佛怎么说？佛即不说须菩提是乐阿兰那行者！以须菩提实无所行，是名阿兰那行者，一个道理。

如果有人说，佛说我见、人见、众生见、寿者见，须菩提，那么这个人能够明白我所说的道理吗？不能，世尊，这个人是没明白如来所说的道理，为什么呢？世尊说我见、人见、众生见、寿者见，就不是有一个实实在在的我见、人见、众生见，寿者见，只不过假名为我见、人见、众生见、寿者见。

须菩提，发无上正等正觉之心者，“于一切法，应如是知、如是见、如是信解，不生法相”。如是知，如实的了知。那实事求是这四个字跟“如是”有没有关系呀？实践是检验真理的唯一标准，是不是如是知、如是见、如是信、如是解，不生法相。“须菩提，所言法相者”，如来说即非法相，是叫做法相而已。

请大家跟我合掌

愿消三障诸烦恼

愿得智慧真明了

普愿罪障悉消除

世世常行菩萨道

普愿一切见者闻者听者

远离痛苦之因、痛苦之缘、痛苦之业

普愿一切见者闻者听者

建立解脱之因、解脱之缘、解脱之业

普愿一切见者闻者听者

快乐安详得以解脱

愿一切众生

快乐安详得以解脱

愿一切众生

快乐安详得以解脱

愿一切众生

快乐安详得以解脱

第三十二品

应化非真分

请大家合掌

南无本师释迦牟尼佛

南无本师释迦牟尼佛

南无本师释迦牟尼佛

无上甚深微妙法

百千万劫难遭遇

我今见闻得受持

愿解如来真实意

“须菩提！若有人以满无量阿僧祇世界七宝持用布施，若有善男子、善女人发菩提心者，持于此经，乃至四句偈等，受持读诵，为人演说，其福胜彼。云何为人演说，不取于相，如如不动。何以故？”“一切有为法，如梦幻泡影，如露亦如电，应作如是观。”佛说是经已，长老须菩提及诸比丘、比丘尼、优婆塞、优婆夷，一切世间、天、人、阿修罗，闻佛所说，皆大欢喜，信受奉行。

如果有人以满无量的阿僧祇，阿僧祇又叫做无量，无量的无量。还有世界七宝拿来布施，其功德会怎么样？功德会不可思议的。但是如果有人发菩提心者，持于此经乃至四句偈等，“受持读诵，为人演说”，其福德和功德胜于布施。那没有菩提心持于此经，有没有这个功德？没有发起过上求佛道、下化众生之心，没有想要服务社会、回报他人之心，只是想我要求福、求长寿、求健康、求官位、求发财、持于此经，乃至四句偈等，受持读诵，为人演说，会有福德吗？不会有的。所以那么多人修来修去命没有改，业力没有改，福报没有现前，什么原因？没有发菩提心。那么多人出家的、在家的、去修行佛法，做了很多很多事，但他没有发菩提心，他一切都是为了自己去着想。上求佛道是指要从智慧上完善自己，才有帮助众生的可能性；下化众生，教化、救度一切众生。

“云何为人演说，不取于相，如如不动”。因为佛法上叫做法不孤起，仗缘而生。任何一个法是不能孤立而显现成的，所以叫做仗缘，仗缘而生，要依赖条件而生。佛法要兴旺时，自然就会有各种条件显现，佛法要衰微时，也是各种条件都是破坏的。你不用去算，你观察一个因缘，你动一个念头，你想做一件事，你看是帮助你的多还是破坏你的多？如果是帮助你的多，破坏你的少，这个事必然做起来得心应手。当然会有问题，但问题没有解决办法多。如果你做一个念头想要做这件事，阻碍比帮助的多，那一定是问题多过解决办法，总会让你退缩，所以叫法不孤起，仗缘而生。那么我们要“不取一相，如如不动”，这样地去弘法，去帮助别人就对了。

“佛身充满于法界，随缘赴感弥不周。”就是没有佛光照不到的地方。“千江有水千江月”，月亮虽只有一个，但是有这么多水，有一个镜子就有一个月亮，是不是这个道理？那也就是说佛、佛的智慧、佛的慈悲，佛的平等，如如不动，你众生有需求，他就随缘赴感，哪里都能够感受得到。那佛力的不可思议怎么显现呢？你明白了、接受了、信了，然后理解了、去行、去持，你就开心了、快乐了，这说明佛力已经加持到我们，你不必非等到释迦牟尼跑过来拿个花篮搁到你头上，所谓的灌顶了。你已经开心了，你已经从生命的困惑和迷惑中醒过来了，你已经能够自己让自己的生命有质量、有分量、有价值、有意义了，那不是佛力的显现是什么？所以佛力现一切处，佛身更现一切处，只不过看我们信不信。信了还不行，还要能正确地了解，只有了解了，才能体会到“朝朝共佛起，夜夜抱佛眠”那个境界。

再来体会祖师说的“行亦禅，坐亦禅，语默动静体安然”。你行也是禅，坐也是禅，说话也是禅，沉默也是禅，动也是禅，静也是禅，这完全是从生命个体来说的。那从外在的山河大地呢？苏东坡说过：“溪声尽是广长舌。”广长舌是佛的三十二丈夫相中的一相，广长舌，他的舌头一伸出来能够把整个面覆盖到，因为他无量劫来，守不妄语戒守得好，所以一个不说假话的人，他的舌头也一定能有力量。“溪声尽是广长舌，山色岂非清净身。”清静法身毗庐遮那佛，就是山色；“夜来八万四千偈”，鸟叫虫鸣溪水流，有人打嗝有人放屁，竟然全是四句偈；“他日如何举示人？”大家想想看你在这个状态，你怎么去分享给别人？“一切有为法，如梦幻泡影”，一切全是有为法，一切有为法如梦，好梦尤其不愿醒。如梦、如幻，变魔术般。“如露亦如电”，如露，像早晨的朝露，譬如朝露，去日无多。亦如电，电光石火一刹那，所以叫做六如。明代著名画家唐伯虎叫六如居士。他的草堂叫六如草堂，在苏州。他曾写过：“桃花坞里桃花庵，桃花庵下桃花仙；桃花仙人种桃树，又摘桃花卖酒钱。”“他人笑我太疯癫，我笑他人看不穿，不见五陵豪杰墓，无花无酒锄作田。”

还有很多诗人都是居士，像李白、陆游、辛弃疾、王安石、范仲淹，他们的禅定功夫都很深。所以“一切有为法，如梦幻泡影，如露亦如电，应作如是观。”有人让我不开心，如梦幻泡影，如露亦如电，应作如是观，这就是用法力化解烦恼。

“佛说是经已，长老须菩提及诸比丘、比丘尼、优婆塞、优婆夷”，出家的男众，女众。优婆塞叫男居士，优婆夷叫女居士。“一切世间、天、人、阿修罗，闻佛所说，皆大欢喜，信受奉行。”你看欢喜了，其实不是的，每一个经后面一定有四个字：信、受、奉、行，信受奉行才是目的。一部《金刚经》实际上只有五千八百字，老子的《道德经》也是五千多。你说他们俩是不是商量好了？两个五千言，结果确让人类的精神史上、修行史上、心灵史上爆发出这样巨大的智慧火花来，真的是很难得。所以叫：“真传一句话，假传万句经。”

那我们把这七天来所讲的做一个高度的概括。也就是如何来引导我们的修行，我们的修行如何落实到生活中。

《金刚经》法意总归来叫做什么？如是。如其本来，凡所有相皆是虚妄，若见诸相非相，即见如来。诸法者无所从来亦无所去。然后若有人言，怎么着？如来有坐有卧，以音声求我，以色见我，世人行邪道，不能见如来。那么既然都达到这个空性了，还要度有色、无色、有想、无想、非有想、非无想九类众生，胎卵湿化，令他们都达到涅槃的彼岸，生其心度众生。但生其心度众生之后呢？灭度一切众生已，而无有一众生实灭度者。然后我们明白了空的这一念，明白了有的这一念。然后空有不二，应无所住而生其心，无所住是空的，生其心是有的。但是生其心是幻有，无所住是本空。真空妙有，两者不二。因此《金刚经》是中道的，非常中道。所以它叫般若波罗蜜多，金刚般若波罗蜜能断一切的烦恼，而不被烦恼所污染，这是《金刚经》的本义。

那么我们一旦明白了这个意思，会不会来指导我们的身、口、意的行为呀？当然会了。身、口、意的行为，该去服务他人，去度别人，度完了怎么样？实无众生可度者。凡所有相皆是虚妄嘛。如果有个烦恼在你的心里住胎了，然后郁郁了好久，想想怎么也化解不了，你就用这个方法来对治，用有为法，如梦幻泡影，如露亦如电。

本来无我相、无人相、无众生相、无寿者相，又哪来的愤怒可得呢？既然无愤怒可得，又哪来忍辱可修呢？既无忍辱可修，又哪来的佛法可得呢？好了，应无所住而生其心，安住在其中，享受内在的法乐，内在的法乐一旦得到了，你是不是一个在家人的身份？你是不是有单位？你是不是有家庭？那你就把你的责任、你的义务毫无惧怕、毫无怨言地承担，兑现你的人生价值，体现你的人生意义去。如果每个佛弟子都能这样积极地承担自己、承担社会、承担民众，这个世界很简单。是不是？非常简单。

众人皆醉我也醉，众人皆醒我不醒，可不可以？都可以。所以一个真正的解脱人，观察因缘，“法不孤起，仗缘而生”。有条件我可以帮助他人，那我就去说，没条件帮助他人，我就自己内得其乐，没有问题。因为我们每个人来到这个世间，既有业力逼迫我们来的，也有愿力引导我们来的。业力逼迫，我们不得自由，所以被动的，总是充满了劳累感、疲惫感和无奈感，但是愿力而来的，我们有一种法喜，有一种承担，有一种虽苦尤乐的那种状态，很开心很充实呀，就是那个样子。

当下观察因缘，有些人这个大愿很强，我一定要广度众生，为什么都可以献出一切，然后试了三天，过刚者易断。所以要慢慢地掌握到我们这里说的六度：布施、持戒、忍辱、精进、禅定、智慧，叫六波罗蜜，但这还不够，这完全是内受用，向自己内心来完成的，还要有四个他受用的：方便波罗蜜、愿波罗蜜、力波罗蜜、智波罗蜜，这四个是完全向外的，如何去服务社会？度化他人？虽然你愿意，但你得有智慧，这个智是方便智的意思，完全是外用的嘛。你要去度打麻将的人，去了就把他抓住，跟你来打坐念佛，人家接受吗？不接受，对不对？你跟他们应以何身得度者，即现何身而为说法。这就是菩萨，他能够披了一个不被染污的铠甲，能够出入到各行各业去，去度化众生。你得有力量，刚度了一下，就觉得还是自了好，度人好难，就跑回来了，那不行。一定要披精进甲，然后去俘虏他人，没有退缩之心，然后还一个，方便波罗蜜，你有无穷尽的方便。所以观音菩萨叫千手千眼，什么意思？他绝对不是长着一千只眼睛，一千只手，要真的长这样来到人间，绝对是怪物。杨二郎三只眼咱们已经怕得不得了，因为我们司空见惯是跟生命打交道，就是两个眼睛、两个鼻孔、两个耳朵、一个嘴巴，所以这就是他的方便波罗蜜，这完全是外用的，分享这个世间的。所以一个修行人把这个高度地融汇于心了，从道义上明白了，解决自己修为的问题，然后去服务社会，但是服务的同时，叫如如不动，不取于相，不舍一法，不立一尘，掌握这个高度原则的，是很开心的。

“犹如莲花不着水，亦如日月不住空。”各位就算得到了《金刚经》的法乐，也就分享到了这种法喜。但是说一千道一万，回过来按照我说的粪三条，尤其第三条，每天十五分钟固定一个时间，固定一个地点来打坐，一定对我们有莫大的帮助。还有另外一个方法。例如你说真的是坐不住，那我还有一个方便方法，周末你就溜溜达达走到我们寺庙，坐下来，你来用毛笔抄《金刚经》，抄三四个小时，你不要说是为了抄给某人看，不要说抄给菩萨看，抄给佛看，你只是抄给自己的心，抄给那颗不平静的心就够了。抛弃所有的技巧，只是抄就行，以我这八年的经验，越是这样的抄越是能得到一种定的快乐。一开始前半个小时会狂躁不安、抓狂，好多人从来没有拿过毛笔，不管对错，涂呀涂呀，有的女孩子还打嗝，哪有写毛笔字还打嗝的？没关系，都随它，然后你看四个小时下来后都安静了，你让他出来他也不出来，很神奇。然后休息一下，我们下午给大家讲讲《金刚经》的简单的开示，我在场可以跟大家交流分享，我不在场可以根据这本书，还有我这些弟子们一起来与大家分享交流。到了下午，自己走走路，看看山花，看看溪水，听听鸟叫，领略领略微风。因为我们怀柔那些寺庙，是六个寺庙连成一片的，风景是很美的。在这优美浪漫的环境中，让大家体会到修行乃人生大乐也。

我希望大家能够把佛法变成生命的力量。生命与生命之间是缘起的，对不对？所以不用担心没人去弘法，只担心每一个个体是否能够领略到佛法的神韵，只要他领略到了，分享是法而如是，他不会秘而不宣的，他一定会分享，这是法本身的力量，不是佛的力量。

所有法的力量就是传递，是吧？法轮就是传递，我们愿把我们这种《金刚经》的智慧、佛法的智慧、禅的智慧、生命的艺术的智慧，能够在自己的身边先从自我做起去分享身边的人，先影响自己的家人，先去让自己的家人分享，让自己的同事分享，乃至动物花鸟虫鱼都能够分享到。这就是法的力量，我们能够把这些法的力量传递出去，就是我们这个讲经的最大的乐趣吧，最大的收获。

所以有一次我在庐山讲经时，那也有些学生问我，桀师你每天乐此不疲地开创这样、那样的活动、到处讲课，我看你也傻乎乎的，整天就是自己出机票钱、自己弄这个，你乐趣何在呀？我告诉他我的乐趣很简单："得天下之英才而教之，我所乐也。"把我所知道的一点点的佛法，尽我可能地说得明白，让大家能够分享到，这就是我的乐趣，这种乐趣推动了我，让我讲了一次还可以再讲，不嫌烦，这就是我的乐趣，所以我也毫无保留地分享给各位。

问：您这个佛法跟活佛有什么区别呢？我在自己打坐时候，这个思想很浮躁，这是什么原因成的？

答：活佛是还不到二十年的一个新名词。在过去我们是有一个很严格的界定，在藏传佛教地区，我们汉传佛教俗称“青教”，我们穿那个僧服都是灰色的，所以叫青教，庙里也多是青瓦灰瓦。在藏传地区汉传的不去，在汉传地区藏传的不来，一向保持着井水不犯河水的状态。后来为了做统战工作，宣传融合了一下。

活佛的意思就是转世的修行人，依据六道轮回来说，大家想想看，我们哪个人不是转世修行人？依据佛法“一切众生皆具如来智慧德相”，哪个不是睡着的佛？都是啊，我们全是啊。但“一念迷则佛即众生，一念觉众生即佛”，那每个人都是活佛，是不是？所以这是我们汉族人人为地创造了一个不可思议的、有特殊超强本领的名词：活佛，这是我们汉人自己做的。

因此我们要知道正本清源，现在有很多所谓的活佛，从我个人的理解和认知来看，有点过头，就像我昨天批评净土宗一样，密宗有他过头那一面：无论什么样的根基、什么样的修行人，念一个咒子就能够得到那个最终的解脱结果。这个不现实，非常非常不现实。拿一个三千年的榆木疙瘩，再拿一个三千年的铁矿石，然后搁在一个炼钢厂里炼，出来都是阿弥陀佛，我不相信，我绝对不相信，释迦牟尼本人来跟我说这个事儿我也不相信。因为他违背了自然法则对不对？佛法叫做“我有一切心，则有一切法，我无一切心，何需一切法”。佛法是个对治法，“应无所住而生其心”。佛法是对治烦恼而安立的。不论弟子的根性，上来全一味的一个教育，那它就是宗教。佛法不是宗教，佛教是宗教有情可原，佛法一定是纯净的教化和教育，教育人什么？为善。教化是让他有智慧。所以从教育到教化，他是有次第，那佛法是这个特色，所以有所不同。

打坐中有各种各样的妄念，太正常了，人无念则死，对吧？所以人的念头、心和我们的气和息四个东西是融为一体的。为什么我在教大家修定的时候，既不念佛也不念咒也不诵经，观察呼吸呢？心、气、息、念四个是不可分割的。马上给大家体验一下。来，捏住鼻子停下呼吸，所有的人。好，有念头吗？（观众：没有。）

很神奇吧，所以气、息、念、心是一体的。心和念是两个东西，气和息是两个东西，它是一体的。慢慢地我们从气和心向到念和息，所以佛陀叫这个法叫做念住，你看四念住到哪儿去了？大念住、四念住全是让我们念、安住的意思。这个住不是停是安住的意思。慢慢体会，这个是对人人都好用，因为当下一分钟你就能体验到了，对不对？担心什么妄念不妄念，“凡所有相皆是虚妄”，对不对？既然是妄念就是有为法，一切有为法如什么？“如梦幻泡影，如露亦如电，应作如是观”。所以修行即是慢慢地掌握这些法位、法意、法理。

问：我现在三十八岁，学佛五年，现在不愿工作，想清静地学习佛法，虽家里没有违缘，但不能遇到指导自己学习的师父，我现在该怎么办？

答：我想如果差不多了，三十八岁既然是这样子，那么不如出家算了。既然你想清静地学习佛法，家里又没有违缘，福报蛮大的，那就干脆找个师父，是吧？抓个阄就跟师父走了，上山学道去。

问：已经有人问过您坚持跟执著的区别，但我还是不明白，还想问一下，比如我们要做一件事情，我们可能有个目标然后就会尽全力去做，不管遇到挫折还是失败我们都还是要去做，这样子算不算一种执著？

答：你看人家都问完了，你到现在还抓着不放，你这叫坚持还是执著？你跟那个老和尚和小和尚的故事有啥差别呢？老和尚和小和尚过河，结果河水暴涨，一个女孩子过不去，老和尚二话不说把女孩子抱住，到了岸就放下走了。走了有二里地了小和尚说：师父，戒律男女授受不亲嘛，你怎么能抱她呢？你猜老和尚说什么？老和尚说：我过了河就放下了，你怎么倒抱到现在呢？是吧，就是这个样子。

至于执著和坚持，和尚说放下、无所执，但是我们到云居寺去看看房山石经，从隋朝静琬禅师开凿，到清朝结束，历经隋、唐、宋、元、明、清六个朝代再加五代十国，加上五胡乱华那些时期，多少个朝代？你说这是坚持还是执著？你没有坚持的精神，怎么能做出一个人类石刻史上这么大一个工程呢？所以“可为其事，不可有其意”。坚持和执著，一定要做，这就是态度，我们如果为了过程做这些事情，大家都开心，如果为了结果而牺牲过程，那么大家都会很痛苦。至于你说一定分出执著与坚持，不好说，因为这两个字本身就是一个意思，是吧？你说天天教人打坐这不是坚持是什么？你说你一定要打坐才能怎么样不是执著是什么？对不对？全都一样，所以不好说，只有善体善用，运用之妙在乎一心。

问：人需要多做善事、心存善欲，可是当善良没有智慧相随时便会愚痴，那若没有得到智慧，善良如何不会成为愚痴？

答：我推荐你去看看《了凡四训》，去看看这个袁了凡先生关于善的如何区分，这个世间善法他说得很透很透的。

问：人活着是为了什么？做不到无我怎么办？放不下又怎么办？

答：人活着就是为了活着。可以看看葛优演的电影《活着》，余华写的小说。

做不到无我怎么办？做不到无我天天在这儿贴个条子，往这儿一贴，无我了？还是有我了？那一定是有病的，是吧？慢慢地体会，打坐中体会到身心的虚幻。“四禅八定”叫“初禅、二禅、三禅、四禅”，它每一层定有一个心理和生理的指标，初禅有五个指标，叫做寻、伺、喜、乐、心一境性，二禅叫有伺无寻，三禅又舍一个。生喜乐，定生喜乐，离喜妙乐，舍念清净，层层的，它有心和身的双重指标，那你一旦达到了识无边了，纯识无身，自然的无我你就体会到了，一切唯心造，你已经明白了。所以佛教里这个佛经全是境界，实实在在的科学境界，你体验不到就如天书，体验到了它就是实实在在的，所以《金刚经》说："佛是真语者，实语者，如语者，不诳语者，不异语者。"他完全是境界，你在那个境界，没有任何神奇的。

放不下又怎么办？当年人家问赵州禅师："一物不将来时如何？"赵州禅师说："放下呀。""一物不将来时如何？"也就是说我拿一个什么都没有来了，那赵州禅师说你还认为有个什么都没有，放下它。这个当时请教的人叫严阳尊者，然后他说："放不下呀。"赵州禅师说："那就担起来吧。"既然放不下那就担起来吧，非常简单。

问：网上有同修想皈依奘师，请教皈依的条件？

答：五戒：不杀生、不偷盗、不邪淫、不妄语、不吸食麻醉品，然后再加奘三条：月收入的百分之一无条件地回馈服务社会，每周三个小时做义工服务社会，每天十五分钟打坐，就这八个条件。

问：《金刚经》说"有为法如梦幻泡影"，无为法又如什么呢？

答：无为法就是如如不动，如其本来，如是如是，是法平等无有高下，那些全是无为法。《百法明门论》所谓一百种法，九十四种都是有为法，只有六种是无为法。比如说空间、虚空是有为还是无为？我们佛性的本体是有为还是无为？自然法则是有为还是无为？无为。所以这无为法就是这样子。无为法，那么就一切本来现成，那就是无为法。

问：佛法到底是唯心主义还是唯物主义呢？

答：你们看过《天龙八部》吗？慕容博和萧远山，最后两个人在少林那个扫地神僧面前，他让他们俩怎么样？互相对打，然后再怎么样？融为一体，两个人哈哈大笑，一笑泯恩仇。所以在佛法里边，唯物也好、唯心也好，各打三十棒，全都打死它，然后再捞回来。所以即非唯物也非唯心。但它可以随时唯物也可以做到随时唯心，这就是佛法。

问：**空到底是什么？它到底有什么作用？**

答：空什么都不是，所以它能够成就一切。

问：**在家修行的人具备什么条件才能受菩萨戒？**

答：你愿意就是了，只有你愿意才可以，不愿意的事，谁也不能强迫你。

问：**怎样的修行人能够给别人皈依并起法号？**

答：按照佛法，受皈依时得到一个叫做“无表色”的戒体，纳受戒体，这个戒体是从佛一直传到我们现在，所以我们一定要依僧而得戒体。它不在乎是否举行仪式、不在乎是否发皈依证，最关键要做法，所谓做法就是三皈三结，有这么一个坛仪，哪怕三分钟、五分钟、十分钟，坛仪这个地方是不能被打扰的，眼睛要看得清、耳朵要听得清，你可以听不懂但是你必须听得清才行，看得见、听得清然后不受打扰，这叫三皈。这个师父对着你来这等于这个叫无表色的三皈戒体，就纳受于心了，它会产生力量，这个叫做无表色的力量，叫做三皈。

起法号也是中国人玩的游戏，在佛陀时代不存在法号不法号的，你原来叫张三就叫做比丘张三，原来叫李四就叫做李四比丘。法号这是后来道安法师说“四姓出家，同一释姓，四流入海，同一咸味”，刹帝力、婆罗门、首陀罗、吠舍出家后都随着释迦牟尼姓释了，按照中国的姓氏宗法制度传承，所以后来我们出家人都有了法号也有了法脉传承，像我这个临济宗、云门宗。所以应该是请法师、比丘，一定是比丘，受了具足戒的比丘。沙弥还没有资格，沙弥不在僧数，就守十条戒，哪怕他出家二十年在寺庙里边也只守十条戒，哪怕他活到八十岁他也没资格给别人授三皈，所以要请比丘。

问：**一个没有出家的居士收了很多男女徒弟并皈依起法号，并点明徒弟上**

世的身份，让其臣服不认亲情，对这一现象师父如何看，对于迷途怎么样劝说？

答：我套用外交辞令，不好说，不好说。因为已经既成事实的，是不是？有很多这类迷人自己有点修行、有点境界，然后他稍微有点这个特异功能，比如说天眼通，或者宿命通，知道他前生是怎么怎么着。比如我经常说，你前生是比尔·盖茨的爸爸或者妈妈，是有一百万亿的存款，但是这一生你已经是乞丐家托生了，有哪条法律规定你还可以去拿回来？前生你是康熙皇帝，这生你是个在家人，一贫如洗又怎么着？所以佛法讲叫“活在当下”，过去已过，过去心不可得，对不对？将来心呢？不可得，现在心不可得，活在当下，当下就在此时此地对自己的心负责任，这才是佛法。所以像这样的现象，不好说。他们经常是以一种情感扭结，最后走上一种邪见，最后师封徒、徒封师，师父封徒弟你已经是某某地菩萨，徒弟封师父你已经是某某这个佛转世了，这种情况可以肯定百分之百会走上邪教。

问：**睡觉老皱眉头很痛苦，是不是有特殊的修练方法可以解决呢？每天早晚打坐好像也没有变化和帮助。**

答：有个办法，我教你，每天晚上临睡，拿个土豆切三片贴在眉毛上。把土豆切得厚一点，保持湿度，黄瓜太凉了，睡不着，土豆是最好的。我教过好多人，这真的是个很有效的方法。

问：**基督教说世界是神造的是事先有设计的，您讲这个世界先有风，然后一切从虚空来然后最后到虚空去，这个有点悬，我听不懂，我想具体的了解一下这个世界是怎么来的？**

答：你听说是设计的，是吧？实际上当年佛陀出世了，梵天王也不甘心，梵天王来找世尊辩论，说这个世界我是老大，你不能去这样子。佛陀说是你老大啊，都是你创造的？梵天王说是的，是我创造的。好啊，佛陀给他带一个人看，那个人杀了很多的生命。佛陀说：既然是你创造的，让他死后上天堂好不好？梵天王说这怎么可能呢？他杀了那么多的生命，那些个众生是不答应的，我要是让他上天堂了，那些个众生会找我麻烦，我可不要做那个贪官污吏的。佛陀说那你怎么能说是你创造的？人是因为人的作为而决定生命的高与低，不是因为他信什么，既然这样，你还能说是你创造的吗？梵天王说不是的。安静了几天，梵天王又来了，世尊，你不能老这么说，老这么说大家都不信我了，都信你了怎么办？他还说是他创造的，那佛陀说好，既然是你创造的，从明天开始，你就让太阳停在空中不动，好不好？梵天王说那怎么能行呢？它要停在空中不动，咱们印度这么热，那人不都烤干烤死了，大自然的周行不息，法而如是的道理，它就是要太阳热然后月亮升起来凉，所以寒暑四季它都要变化的，我怎么能改变呢？噢，佛陀说：既然你创造了那你又不能改变，那你的创造又怎么安立呢？

明白了吗？所以要想学基督教，先把《圣经》看完了，把马太福音、马可福音、路加福音、约翰福音，把这四福音看完了，一定再找 1945 年在埃及出土的第五福音书看看。然后把耶稣基督十二年在印度、在中国的西藏地区学习婆罗门教和佛教的这个历史找来看看。

问：既然空什么都不是，怎么能成就一切呢？

答：拔过自行车那个辐条吧？车轮子，所有的轮子它那个外圆是有的，但是那个中心点能有吗？中心点必须是空的它才能走，如果它实在了它什么都走不了，就安立不住了。你看如果没有这个空，太阳往哪儿去？你说你内心里不空，你怎么能有智慧呀？你如果说你不空的话，你怎么能长这么大？对不对，如果种子不空它怎么能开花结果？如果五脏六腑不空的话，怎么能成为人？

你的理解还是在二元对立的，在有和无之间，你不是空，是有和无，看得见的叫做有、看不见的叫做无，你是进入了道家这个境界了。佛家里讲空不是什么都没有，你说虚空是不是实实在在的有？是不是实实在在地有个虚空啊？所以它是有，有个实实在在的空，但是这个空是看不见摸不着，不能被我们的眼耳鼻舌身意感知的，浅层的认知还达不到而已。

问：比如说您刚才举一个例子说到车轮，那中心点是空的，那么周围呢？周围不是空的啊？

答：还是回到了这个有和无之间了。空的本意叫做不能独立作主、不能恒常存在、被条件所制约，这叫做空。要知道不能独立做主、不能恒常存在、被条件所制约，因缘而起，这就是空的定义。

我前几天到三亚去，在一个徒弟家里泡温泉。突然间他说师父我明白了，我说你明白什么了？他是一个军人，做过很多设计，他说空不是什么都没有，我说你真的是明白了，是的。所以如果你站在有、无相对的立场上来看，来理解空是进入不了空的境界的，空不是什么都没有，空是有个实实在在的空。所以我们那个《般若三昧》那首歌："见了真空空不空，圆明何处不圆通。或淡或浓施雨去，半舒半卷逆风来。"前两句讲的是空，后两句讲的是有，所以空有是不二的。在《楞严经》里边佛有一个著名的比喻，如何理解这个空，好比我们挖土、挖坑儿，是随挖空就随有了，还是你挖完了这个坑儿之后空塞进去的呢？那也就是它是当下的、不二的、直接的对不对？因此要想体会这个，你要不磕破点头不出点血，恐怕很难的。

问：我岳母家是农村，她说家里有什么狐狸呀、蛇呀等等类似的很多东西，现在很严重。她没有读过书，也没走出过那个地方，她忽然间变得会用文言文跟你说话，还可能是用山东话，也可能一会儿就变成四川话，而且还会给你算卦。她好像一会儿是一个东西，一会儿是另一个东西的样子，忽然间变成那个样，感觉很恐惧。过了之后就好了什么事也没有，到医院查也查不出来，也没法吃药，现在非常非常痛苦，每夜都在这种煎熬之中度过。我不知道这是一个什么样的现象，如果她皈依佛门是不是可以解决这个问题？

答：这个就叫附体。附体的现象实际上在农村到处都是。我出生在农村，我小时候生病，我那个太姥姥还就是个附体的大仙儿，那时候头疼脑热哪有钱去治病、吃药啊，都是找她们，很神奇。她一来仙儿了那个状态，你想一个八十岁的老太太，拿一口水一滴不洒地喷到房顶，我们现在谁能做到？那老太太八十了还缠着小脚，噗一口就上去了，真的鼓捣鼓捣就好了，也不烧了，也不疼了。

附体是什么呢？大家如果看完《楞严经》，就明白了就知道生命的形态了。天、人、阿修罗、饿鬼、畜生、地狱这不是叫六道吗？实际上，在人和天和阿修罗之间还有很多叫做仙、怪、妖、媚，有很多。所以我们看《阅微草堂笔记》，看干宝的《搜神记》，看历代笔记小说里边这样的故事多不多？非常多，实实在在的。《聊斋志异》里边更多。但为什么它能找到你呢？一定是过去跟你有缘，跟你有缘才找得到，它利用我们人的两个心理，一是你的贪心、二是你的恐惧之心。

我记得那年有两个女孩儿玩那个叫碟仙还是笔仙的占卜，我答应去帮助她们，但是我实在是没时间。结果其中一个得精神病了，另外一个就走出来了，没事了。所以你要是贪心，老是追求神奇，就飞精附体。在《楞严经》里说得很透，五十种阴魔境界，色阴区、受阴区、想阴区、行阴区、识阴区，只有到了识阴区里的第四十七、四十八、四十九才是罗汉、缘觉、菩萨境界，在那前边全都是这种。如果他们把所在的境界当成终极的智慧和终极的解脱了就会有问题，他如果仅仅把它看做一个修道的过程，就像《封神榜》里边的申公豹、哪吒，还要跟进跟进，往上完善，作为道的次第，就没有问题。但是他一旦停在那个阶段，必出问题，这就是着魔。

但是她这种附体还简单，因为很多附体的现象一开始基本上是以给人看病来修行，借人的能量它来修行。但是这个人体，像你的岳母这样子，她的能量被用多了之后，会怎么样？她等于超前支出她的生命能量了。比如刚才我说的，她要迸出她的生命能量来才做得到这一口水喷出去。我见过一个二三十岁的壮小伙子来这个状态的时候，一百六七十斤的，他竟然做出那么柔美的动作，我看人妖也做不出那么样柔美的动作出来。但是等他一没那个劲儿了，他自己就累得不行，啥都不知道。

我们从1949年取缔“一贯道”，打击这些邪教以来，这些现象少得多了。过去“一贯道”为什么要取缔呢？“封建会道门”就是这样的，专门来骗你，最后骗钱、骗色，只要他们走过的地方都是家破人亡。现在这些新兴宗教也很多是这样子。你看看法轮功、美国的大卫教、日本的奥姆真理教是不是？都出问题。

所以附体的人，要想解决，就是要没有贪心、没有恐惧，那附体自然远离。就像刚才问的《心经》，无智亦无得则远离颠倒梦想，远离颠倒梦想则自然无恐怖、心无罣碍；无罣碍故，无有恐怖，远离颠倒梦想。正推、逆推就这么简单。“无智亦无得”，你不要认为自己有个能知的，也不要认为有个所知的，我们修行的境界、人生的境界无非是见闻觉知，四个境界，四十二种。看得见的，正常被我们认知的不超过三分之一，而那三分之二是我们只有在深层的禅修体验才能感触到的，所以你念佛、念咒都不容易，因为那还是很粗的定，只有内在的禅修体验才是深层的，当然这奥妙无穷。

为什么一个和尚，头发没了，吃的也很少，然后躲在深山里边，他那么大的乐趣，他心平之乐，他有那么多的境界。所以生命现象无穷尽，比如说的这些妖、怪、媚都是有的，它也在修，借假修真嘛。所以《白蛇传》你说是真的假的？那一定是真的，对吧？太多了。所以要看各个民族的原始神话，关于世界的起源、毁灭，全人类认知是一样的，各国神话、寓言里边很多认知也是相近的，蛮有意思的。

附体怎么办，就是两个：不贪、不惧，如果她做到了，要死你让我死，它就一下子没力量了。别怕死，因为我们的生命是业力和愿力来推动的，它解决不了你的业力，也解决不了你的愿力，所以自然就化解了。不贪不惧，因为你贪求那个，叫贪求圣境界。贪求你那些三分之二的见闻觉知、不属于你的见，才招来了。害怕死所以你被它制约了。现在既不贪也不惧，随便它，自然就破除了。

问：《金刚经》五千余字您讲了七天，《心经》二百余字您讲了十天，是否初学者要先学《心经》？在家静坐是否要讲究打坐的姿势还是平常舒服的就好？

答：打坐姿势先这么单盘就够了，只一个臀部触地，两个膝盖它会不稳，所以坐久了脊柱就会弯了，那先要稳。你说关节有问题是吧，那我就说说我的亲身经历。我 1985 年在中山大学读书时关节炎很厉害，上五楼宿舍得分三次上去。在广州七八月份那么热的天气，我还得弄两个热水袋搁在两个膝盖上。后来我想我打坐试试，唉，很神奇，我以为至少得五年工夫才能把它治好，没想到不到三年，关节炎就好了。当时查类风湿因子、风湿因子、血沉速度打封闭针，什么招儿都用了，没有用，后来就是打坐。但是我的腿好像先天比较软，也没跟人学过，上来就能够盘，并且我第一次盘腿是 1992 年在北海公园，看到一个人在北海白塔下打坐，我找过去了，那时我也年轻，我说我跟你学行吗？人家说去一边去毛小伙子，把我骂了一顿，我一看他那姿势，我不管他，回到办公室我一下子就把双腿盘上了。并且第一次盘腿我就是双盘，我估计北海白塔的那个人是个菩萨显现吧，把我骂一顿，反而让我回来就盘上腿了。

请大家跟我合掌
愿消三障诸烦恼
愿得智慧真明了
普愿罪障悉消除
世世常行菩萨道

普愿一切见者闻者听者

远离痛苦之因、痛苦之缘、痛苦之业

普愿一切见者闻者听者

建立解脱之因、解脱之缘、解脱之业

普愿一切见者闻者听者

快乐安详得以解脱

愿一切众生

快乐安详得以解脱

愿一切众生

快乐安详得以解脱

愿一切众生

快乐安详得以解脱